CALLWEY

Lufthansa

LONDON

CITY GUIDE

Texte und Redaktion
MARIANNE VON WALDENFELS

CALLWEY

Hier speist Starkoch
Yotam Ottolenghi
besonders gerne:
Sabor in Mayfair

LONDON

London – was für ein **Gesamtkunstwerk!** Weltklasse-Restaurants, **exzentrische Privatclubs,** shabby Bars in düsteren Kopfsteinpflastergassen, futuristische Museen, charmante **Straßenmärkte,** auf denen die Zeit stehen geblieben zu sein scheint, lässig-designte Avantgarde-Läden – dazu über 2000 Jahre Geschichte. Die Stadt ist so wunderbar **old-fashioned** und trotzdem überall ganz vorne dran. London liebt Traditionen: das königliche Protokoll, Tea Time, die berühmte **»Stiff Upper Lip«** – Selbstdisziplin in jeder Situation. Und diese Stadt liebt es, mit Traditionen zu brechen. London vereint Persönlichkeit, Stil und Style wie kein anderer Ort der Welt. Dass die britische Hauptstadt voll von Sehenswürdigkeiten ist, verrät Ihnen jeder London-Führer. Klar, auch bei uns kommt der Buckingham Palace vor, die stolze Westminster Abbey, die am Ufer der Themse emporragt, der Big Ben und die **Harry-Potter-Tour,** ein echtes Highlight für Kinder. Aber nur am Rande. Denn diese Klassiker sind nur ein kleiner Ausschnitt von dem, was London so besonders macht. Vor allem wollen wir Ihnen die Stadt abseits der ausgetretenen Pfade zeigen. Plätze, die man ohne Hilfe von Insidern kaum findet. Wir haben deswegen Menschen gefragt, die in London leben und die Stadt lieben. Unser Lieblingskoch **Yotam Ottolenghi** (S. 76) verrät uns zum Beispiel, in welchen Restaurants er Stammgast ist und in welchem Pool er morgens gerne seine Bahnen zieht, Designer **Jasper Conran** (S. 16), wo er am liebsten einkauft, **Chelsy Davy** (S. 28), Schmuckdesignerin und frühere Lebensgefährtin von Prinz Harry, in welchen Bars und Clubs man sie abends trifft. Und **Lydia und Irene Forte** (S. 50), die beiden Töchter des berühmten Hoteliers Sir Rocco Forte, der unter anderem die Hotel-Legende **Brown's** (S. 42) in Mayfair betreibt, berichten, wo sie shoppen und in welchem Salon man den besten Afternoon Tea der britischen Hauptstadt bekommt. **Zehn Persönlichkeiten** erzählen von den Orten, die diese Stadt für sie einzigartig machen: **intime Lokale,** versteckte Boutiquen, romantische Parks, **abgefahrene Galerien,** originelle Bars und **Hotels.** Wir haben diesen Reiseführer in Viertel aufgeteilt, denn jedes Viertel hat seinen ganz eigenen Charakter – vom prachtvollen Mayfair mit seinen eleganten Privatclubs und Nobel-Boutiquen, dem lauten, spaßsüchtigen Soho über die City of London, Zentrum der Macht und des Geldes, bis ins hippe, **feierwütige East End,** wo sich die Kunstszene angesiedelt hat. Lassen Sie sich inspirieren und planen Sie Ihre Reise. Viel Spaß in London!

INSIDER-TIPP DER CREW

MEINE LIEBLINGS-EVENTS: DIE CHELSEA FLOWER SHOW IM MAI UND DAS HAMPTON COURT PALACE GARDEN FESTIVAL IM JULI. BEIDE VERBINDET EIN UNGEWÖHNLICHES SETTING MIT VIEL BRITISCHER KULTUR UNTER FREIEM HIMMEL. TOLL IM NOVEMBER/DEZEMBER: »CHRISTMAS AT KEW« IN KEW GARDENS, DEM BOTANISCHEN GARTEN IM SÜDWESTEN LONDONS, DER DANN NACH SONNENUNTERGANG MAGISCH ERLEUCHTET WIRD.

Christopher Danner
Purser

Vom Pool des Hotels Shangri-La at the Shard hat man einen Traumblick über die Stadt

FACTS

VOM FLUGHAFEN IN DIE STADT

Heathrow
Der gigantische Flughafen liegt etwa 24 Kilometer westlich von London. Mit der U-Bahn Piccadilly Line dauert es etwa 50 Minuten in die Innenstadt, Ticket ca. 6 £. Alternative: der Heathrow Express – ein Schnellzug zur Paddington Station, ca. 15 Minuten, Ticket für Erwachsene ca. 21 £. Auch günstig: Heathrow Connect, in ca. 25 Minuten erreicht man Paddington Station (Ticket ab ca. 10 £).

Gatwick
Gatwick Express, ca. 30 Minuten bis Victoria Station (Ticket ca. 18 £). Gatwick Train Transfer, ca. 40 Minuten bis in die Stadtmitte (Tickets ca. 11 £).

Stansted
Stansted Express, ca. 45 Minuten bis Liverpool Street Station (Ticket ca. 17 £).

London City Airport
Dockland Light Railway – in 22 Minuten sind Sie damit an der U-Bahn-Station Bank (Central Line, Ticket ca. 5 £).

UNTERWEGS IN LONDON

Die einfachste Möglichkeit in der meist überfüllten Großstadt? Mit der U-Bahn bzw. der »Tube«! Unbedingt eine Oyster Card kaufen! Das ist eine elektronische Fahrkarte, die man immer wieder aufladen kann und die automatisch die günstigsten Tarife ausfindig macht. Man bekommt sie an fast jedem U-Bahn-Schalter, dort kann man sie auch mit Guthaben aufladen. Mit der Oyster Card zahlt man deutlich weniger als mit einem Papierfahrschein. Kinder bis 10 Jahre fahren in Begleitung Erwachsener kostenlos!

TRINKGELD

Kellner und Taxifahrer bekommen in der Regel 10–12 Prozent. Ist auf der Rechnung im Restaurant allerdings bereits Servicecharge aufgeschlagen, ist kein Tip mehr nötig. Für den Kofferträger im Hotel sollte man auch mindestens 2 £ locker machen, das gleiche gilt fürs Reinigungspersonal.

3 DINGE, DIE SIE IN LONDON UNBEDINGT VERMEIDEN SOLLTEN

1. Links auf der Rolltreppe stehen. Nie. Unter keinen Umständen! Links gehen, rechts stehen. Punkt.

2. Am rummeligen supertouristischen Leicester Square aus der Tube oder dem Bus aussteigen. Wahre Menschenmassen schieben sich hier an billigen Restaurant-Ketten und gigantischen Kinokomplexen vorbei. Nicht schön.

3. Nach der »Toilet« fragen – in besseren englischen Kreisen sucht man das »loo« auf.

Exzentrisch und herrlich glamourös: das Mini-Hotel 40 Winks im Osten der Stadt

Kinderparadies: Kaufhaus Hamleys

LONDON MIT KINDERN

Wer mit seinen Kindern in die britische Hauptstadt reist, wird jede Menge Spaß haben. Viele Museen haben tolle Programme für Kids – und sind dazu auch noch kostenlos wie das **Natural History Museum,** das British Museum oder die **Tate Modern** (S. 106). Dazu kommen aufregende Touren auf den Spuren von Film- und Fernsehhelden wie Harry Potter, ausgefallene Spielwarenläden und genügend Möglichkeiten, sich draußen auszutoben. Hier unsere Tipps für gelungene Tage mit Kindern in London.

AUF DEN SPUREN VON HARRY POTTER

Ein Ticket für den **Hogwarts Express,** bitte! Das fiktive Gleis 9 ¾, von dem die Zauberschüler aus ins Internat reisen, befindet sich am Bahnhof **King's Cross.** Die Filmszenen wurden auf dem Bahnsteig von Gleis 4 und 5 gedreht – dahin kommt man allerdings nur mit einem gültigen Zugticket. In der Haupthalle des Bahnhofs kann man sich dafür mit Gepäckwagen und Schal selbst als **Zauberschüler** in Szene setzen. Gleich daneben befindet sich ein Harry-Potter-Shop. Weitere Drehorte aus den Harry-Potter-Filmen? Die Eingangshalle des **Australia House** am Strand diente als Außenfassade der **Koboldsbank Gringotts,** die beeindruckende viktorianische Ladenpassage **Leadenhall Market** als Kulisse der **Winkelgasse,** die Millennium Bridge von Norman Foster (S. 106) wird zu Beginn des sechsten Teils der Harry-Potter-Saga von den Dementoren zerstört. Noch mehr Harry? Dann die »Warner Bros. Studio«-Tour in Watford, nördlich von London, buchen, hier gibt es auch **Dumbledores Büro** und Hagrids Hütte im Original zu sehen (*wbstudiotour.co.uk/de*).

LIEBLINGSLÄDEN

Hamleys
188–196 Regent Street
hamleys.com
Der älteste Spielwarenladen der Welt – und einer der größten. Ein wahres Paradies für Kids auf sieben Stockwerken, gleich beim Oxford Circus. Man kann hier stundenlang die neuesten Spielsachen ausprobieren, die besonders

kniffligen werden sogar von den hauseigenen Animateuren vorgeführt.

Sylvanian Families
68 Mountgrove Road
sylvanianstorekeepers.com
Der einzige europäische Laden, in dem man alle Mitglieder der niedlichen Spielzeug-Tierfamilien und jegliches Zubehör kaufen kann.

Hoxton Street Monster Supplies
159 Hoxton Street
monstersupplies.org
Einzigartig-skurriler Shop, der sich auf »Monsterfutter« spezialisiert und Waren für »die Lebenden, Toten und Untoten« im Angebot hat, wie z. B. »Thickest Human Snot« (den dicksten menschlichen Rotz), der sich Gott sei Dank als köstlicher Lemon Curd entpuppt. Ein weiterer Verkaufsschlager: die Ohrenschmalz-Riegel (aus Fudge). Außerdem kann man hier cool verpackte Gruselgeschichten kaufen. Hinter diesem witzigen Concept Store steht Ministry of Stories, das 2010 von den Autoren Nick Hornby, Lucy Macnab und Ben Payne gegründet wurde mit dem Ziel, Kinder und Jugendliche wieder zum Geschichtenerzählen und zum Lesen zu inspirieren.

MUSEEN

Sehr beliebt sind das **Natural History Museum** (Highlights: Dinosaurierskelette, Erdbeben-Ausstellung, *nhm.ac.uk*) und das **Science Museum** (*sciencemuseum.org.uk*) mit seiner weltweit größten Ausstellung aus den Bereichen Technologie und Medizin. Vorsicht: In den Ferien muss man mit besonders langen Warteschlangen rechnen! Also sehr früh da sein.

AB NACH DRAUSSEN!

Ein schöner Spielplatz ist der **»Princess Diana Memorial Playground«** in Kensington Gardens. Ein großes Piratenschiff zum Klettern, viel Sand und Wasser zum Spielen und Plantschen, einige fest installierte Musikinstrumente, Kletterburgen und Tipis. Sie sollen an die Abenteuer von Peter Pan erinnern. Eine Statue des Jungen, der niemals erwachsen wird, steht ganz in der Nähe. Sie wurde 1912 im Auftrag von Peter Pans Erfinder J. M. Barrie angefertigt.

WASSER MARSCH!

London hat wirklich herrliche Parks. Am **Serpentine Lido** im Hyde Park kann man in den warmen Monaten sogar schwimmen. Und auf den Seen im Hyde Park und im Regent's Park im Sommer gemütlich **Tretboot fahren**. Infos: *solarshuttle.co.uk*. Wem das zu gemächlich ist? Nerven-Kitzel-Speedboot-Tour auf der Themse buchen! Sie startet am London Eye Pier, dauert etwa 50 Minuten (*thamesrockets.com*).

IN DER LUFT

Eine Fahrt mit dem Riesenrad London Eye? Auch hier ist das ewige Anstehen oft sehr mühsam und der Preis pro Ticket ist mit 20 Pfund happig. Interessante Alternative? Die **»Air Line«-Seilbahn**, die Greenwich und die Docklands über die Themse verbindet. An klaren Tagen sieht man sogar die St Paul's Cathedral. Und mit der Oyster Card kostet die Fahrt nur 3,50 £.

Eine britische Institution:
Fortnum & Mason

7

DINGE, DIE SIE IN LONDON TUN SOLLTEN

Was muss ich in London erleben, was nicht in jedem Führer steht? Ein Mini-Guide von David Young, Chef-Concierge des berühmten Brown's Hotel (S. 42)

1

Eine Tour im **chauffeurgesteuerten Vintage-MINI** durch die Stadt mit »Small Car Big City« (*smallcarbigcity.com*) unternehmen: eine tolle Möglichkeit, die einzigartige Atmosphäre von London einzufangen.

2

Greenwich besuchen – klar, es gibt dort für Touristen viel zu sehen, aber die Fahrt mit dem Boot von Westminster aus (*thamesriverservices.co.uk*) ist alleine schon ein Erlebnis. Am besten im Greenwich Park in der Nähe des Royal Observatory picknicken und einen der besten Blicke auf die Stadt genießen.

3

Den **Maltby Street Market** (S. 111) in Bermondsey entdecken. Ein toller Markt abseits der ausgetretenen Pfade auf einer einzigen Straße. Man bekommt hier gutes Craft-Bier. Und das spielt in London gerade eine große Rolle.

4

Auf dem **Mercato Metropolitano** (*mercatometropolitano.co.uk*) essen. Er ist relativ neu, alles dreht sich hier um Street Food. Er erinnert mich etwas an den Borough Market (S. 106), ein alter Lieblingsort von mir, und ist immer einen Besuch wert!

5

Eine Pause in **Postman's Park** (S. 110) einlegen, eine kleine Oase im Trubel. Dort hängen Gedenktafeln für Helden des Alltags, die ihr Leben für andere opferten, wie »Alice Ayres, Tochter eines Maurerarbeiters«, die 1885 ganz jung starb, während sie drei Kinder aus einem brennenden Gebäude rettete. Es ist ein Ort, der demütig macht. Auch beeindruckend: der **Highgate Cemetery** (*highgatecemetery.org*) – ein schöner viktorianischer Friedhof in der Nähe von Hampstead Heath mit über 53000 Gräbern, u.a. von George Eliot und Douglas Adams.

6

Stilvoll shoppen: Ich mag klassische britische Marken, sie haben eine gewisse Eleganz. Für Anzüge empfehle ich **Huntsman** und **Gieves and Hawkes** auf der **Savile Row** (S. 42), für Schuhe **Church's** auf der New Bond Street. **Fortnum & Mason** (S. 56) ist ein Klassiker für Lebensmittel und Geschenke und **Smythsons of Bond Street** für Schreibwaren.

7

Fish & Chips probieren! Am besten im **The Mayfair Chippy** (S. 108), dort ist es fantastisch. Alternativ ist **The Sea Shell of Lisson Grove** (*seashellrestaurant.co.uk*) in Marylebone auch eine großartige Option, um diese britische Spezialität zu kosten.

Rafael Nadal auf dem Rasen in Wimbledon

EVENTS UND TERMINE

FEBRUAR & SEPTEMBER

London Fashion Week: Hier werden Trends gesetzt: Der internationale Modezirkel reist an, um Burberry, Victoria Beckham, Emilia Wickstead & Co. auf dem Laufsteg zu sehen (*londonfashionweek.co.uk*).

APRIL

Oxford and Cambridge Boat Race: Das äußerst aufregende Ruderduell zwischen den ehrgeizigen Eliteuniversitäten Oxford und Cambridge wird seit 1829 jedes Jahr wieder auf der Themse ausgetragen (*theboatraces.org*).

MAI

Chelsea Flower Show: die berühmteste und spektakulärste Blumenausstellung der Welt! Eröffnet wird die Pracht-Show immer von der Queen (*rhs.org.uk*).

JUNI

Royal Ascot: nicht nur wegen des Pferderennens, auch wegen der unglaublich kreativen Hutwahl der britischen Upper Class ein Erlebnis (*ascot.co.uk*).

Trooping the Colour: ziemlich spektakuläre Militärparade zu Ehren des Geburtstags des jeweiligen Monarchen.

JULI

Wimbledon Championships: einziges Grand Slam Turnier auf Rasen, Boris und Steffi haben hier mehrfach gewonnen. Traditioneller Snack: Erdbeeren mit Sahne. Frühzeitig Tickets sichern (*wimbledon.com*)!

Royal Academy Summer Exhibition: Bei der alljährlichen Ausstellung der Royal Academy im Burlington House werden neben den Werken von internationalen Kunststars auch die von Laien gezeigt (*royalacademie.org.uk*).

AUGUST

Notting Hill Carnival: dreitägige karibische Mega-Party mit Kostümen und riesiger Parade. Nichts für Leute mit Platzangst (*thelondonnotting-hillcarnival.com*).

SEPTEMBER

Last Night of the Proms: letzte Aufführung der legendären BBC-Sommerkonzerte in der Royal Albert Hall, Highlights des Musik-Jahres (*bbc.co.uk*).

London Design Festival: Einmal im Jahr wird London zur Designhauptstadt. In unzähligen Galerien, Museen und Showrooms präsentieren die Kreativen ihre Ideen, Installationen und Entwürfe (*londondesignfestival.com*).

OKTOBER

Frieze Art Fair: wegweisende Kunstmesse im Londoner Regent's Park. Veranstalter ist das Magazin Frieze, über 150 Galerien machen mit. Pflichttermin für Arty People (*frieze.com*)!

ZUR EINSTIMMUNG: FILME, SERIEN UND BÜCHER, IN DENEN LONDON DIE HAUPTROLLE SPIELT

FILME & SERIEN

The Look of Love: Michael Winterbottoms unterhaltsames Porträt von Paul Raymond (hervorragend: Steve Coogan), dem »King of Soho«, der dort in den 60er- und 70er-Jahren ein Erotik-Imperium errichtete.

Mr Selfridge: Dramaserie über den Amerikaner Harry Gordon Selfridge (Jeremy Piven), der der besseren britischen Gesellschaft das Shoppen beibrachte.

Notting Hill: Buchhändler William Thacker (Hugh Grant) verliebt sich Hals über Kopf, doch leider ist Anna (Julia Roberts), die Frau seiner Träume, ein Superstar. Probleme vorprogrammiert!

Sherlock Holmes: actionreicher Film um den Meister-Detektiv (Robert Downey jr.) und seinen Assistenten Watson (Jude Law) von Kult-Regisseur Guy Richie. Gedreht wurde unter anderem im Reform Club und auf dem Brompton Cemetery.

Black Books: Die liebenswert-skurrile Serien-Komödie um einen zynischen Grantler und Buchhändler (Dylan Moran) und seine beiden exzentrischen Freunde spielt vor allem in Bloomsbury.

BÜCHER

Oliver Twist von Charles Dickens. Packender Klassiker um einen Waisenjungen, der im London des frühen 19. Jahrhunderts in die Fänge des fiesen Fagin und seiner Diebesbande gerät.

Die souveräne Leserin von Alan Bennett. Charmante Hommage an Queen Elizabeth und die Literatur.

London NW von Zadie Smith. Eindringlicher Roman über den multikulturellen Nord-Westen der Stadt und seine Bewohner.

Miss Blackpool von Nick Hornby. Eine Reise ins London der Swinging Sixties mit wunderbaren Charakteren.

London von Edward Rutherford. Die über 2000 Jahre lange Geschichte der Weltstadt, wirklich unterhaltsam als Roman erzählt.

William (Hugh Grant) verliert sein Herz an Hollywood-Diva Anna (Julia Roberts)

JASPER CONRAN

Er ist einer der gefragtesten britischen Modeschöpfer: Jasper Conran, Sohn der Design-Legende Sir Terence Conran. Neben seiner erfolgreichen **Fashionlinie** (eine seiner Stammkundinnen war Lady Diana) entwirft er auch Schmuck, Möbel, Reisegepäck und Keramik, unter anderem für das Traditionslabel **Wedgewood.** Und: Er ist unter die Hoteliers gegangen. Jasper Conran betreibt das charmante **L'Hôtel** in Marrakesch (*www.l-hotelmarrakech.com*). Ein historisches Riad aus dem 19. Jahrhundert in der Medina mit fünf Suiten, die mit eleganten Stoffen, Antiquitäten und Kunstwerken eingerichtet sind. Weitere Highlights: der malerische Garten mit Pool.

WELCHE LONDONER GEGEND MÖGEN SIE AM LIEBSTEN?

___ Soho, im Zentrum. Es ist lebendig, voller Galerien, Restaurants, Geschäfte und Bars. Die Straßen des Viertels spiegeln das Leben wider.

HABEN SIE EINE FRÜHSTÜCKSEMPFEHLUNG IN IHREM VIERTEL?

___ Das **Clarke's** Restaurant (S. 24) auf der Kensington Church Street hat ein fantastisches saisonales Frühstücksmenü und das Gebäck aus dem gegenüberliegenden Sally Clarke Shop ist das beste in ganz London.

WOHIN GEHEN SIE GERNE ZUM LUNCH?

___ Mein Lieblingsort zum Mittagessen ist zweifellos **The River Café** (Thames Wharf, Rainville Road, *rivercafe.co.uk*) an der Themse. Es bietet eine einzigartige Kombination aus unglaublichem Essen und einer entspannten Umgebung. Alle Speisen sind köstlich, man tut sich wirklich schwer, nur ein Gericht auszuwählen.

UND WAS SIND IHRE TIPPS FÜRS DINNER?

___ Die **Rochelle Canteen** (12 Carlton House Terrace, *ica.art/rochelle-canteen*) im ICA on The Mall ist ein großartiger Ort, um Freunde zum Abendessen zu treffen. Die Atmosphäre ist lässig, das Essen lecker, naturverbunden und saisonal ... Es ist ein einfaches Konzept, das sehr gut umgesetzt wurde. **Bocca di Lupo** (S. 70) in Soho serviert ehrliche regionale italienische Küche und ist ein echter Favorit von mir, aber bitte reservieren Sie im Voraus. Im Grunde ist es eine kleine, bescheidene Trattoria mit einem glamourösen Touch. Vergessen Sie nicht, bei **Gelupo** (S. 70), der Gelateria nebenan, vorbeizugehen, um das beste Eis in London zu schlemmen.

WELCHE BAR EMPFEHLEN SIE FÜR EINEN LATE-NIGHT-DRINK?

___ Sie MÜSSEN unbedingt in die **Dukes Bar** (S. 59), dort wird der beste Martini in London serviert – angeblich wurde **Ian Fleming** an diesem Ort für James Bonds Signature Martini inspiriert. Für einen Drink nach Mitternacht sollte man die **Fumoir Bar** (S. 45) im Claridge's Hotel in Mayfair besuchen.

WELCHE PUBS GEHÖREN ZU IHREN FAVORITEN?

___ **The Cow** (S. 25) in Notting Hill ist eine Location, wo man viel Spaß haben kann. Ich würde ein Pint Garnelen bestellen, gefolgt von The Cow's Fish Stew. **The Grapes at Limehouse** (76 Narrow Street, *thegrapes.co.uk*) mit Blick auf die Themse ist eine Trinkhalle aus dem 16. Jahrhundert. Eines der ältesten Pubs in der Stadt, aus dem Jahr 1538. Charles Dickens war ein guter Kunde und bezog sich in seinem Roman »Unser gemeinsamer Freund« auf das Pub. Es ist ein wahres verstecktes Juwel.

WELCHE SIND DIE BESTEN ORTE, UM IN DIE LONDONER KUNSTWELT EINZUTAUCHEN?

___ Die **Tate Britain** (S. 61) ist mein absoluter Favorit in London, wegen der britischen Kunst, die ich natürlich liebe. Das **Sir John Soane's Museum** (S. 87) beherbergt eine außergewöhnliche Sammlung von Antiquitäten, Möbeln, Skulpturen, Architekturmodellen und Gemälden – darunter Werke von Hogarth und Turner. Das Museum wurde in dem Zustand erhalten, in dem es zum Zeitpunkt des Todes von Sir John Soanes vor fast 180 Jahren war: eine riesige Sammlung, in der man leicht einen ganzen Nachmittag verbringen kann. Das **Design Museum** (S. 26) und die **Tate Modern** (S. 106) holen Sie zurück ins 21. Jahrhundert.

WELCHE SEHENSWÜRDIGKEITEN IN IHRER NÄHE SIND EIN MUSS?

___ Ich würde vorschlagen, am frühen Morgen durch den **Hyde Park** spazieren zu gehen, und zwar zu jeder Jahreszeit.

Ein Ruhepol in dieser geschäftigen Stadt, man kann sich wunderbar zwischen Joggern und Leuten, die ihre Hunde ausführen, verlieren. Wenn Sie Glück haben, können Sie die Regimentsausbildung der Gardekavallerie für zeremonielle Anlässe beobachten. Die prunkvollen Räume im **Kensington Palace** (S. 26) sind definitiv einen Besuch wert, und die **Orangerie** (*kensingtonpalacepavilion.co.uk*) ist ein toller Ort zum Lunch oder für den Afternoon Tea an einem sonnigen Tag.

WAS SOLLTE MAN AUSSERDEM BEI EINEM LONDON-BESUCH NICHT VERPASSEN? ______

___ Der steile Weg zum Gipfel des **Primrose Hill** ist den fantastischen Panoramablick wert, den man von dort oben über London hat. Vom Westen bis zum East End sieht man alle Wahrzeichen der Stadt, ohne dass irgendetwas den Blick stört. Außerdem sollte man sich **Henry Moores** Skulptur **The Arch** angucken, die sich am Nordufer von Long Water in Kensington Gardens erhebt, sie ist aus der Ferne und aus der Nähe gleich beeindruckend. Und ich würde einen Spaziergang über **The Mall** unternehmen oder mit dem Auto dort entlangfahren. Die Ausmaße dieser Straße machen sie so einzigartig. Sie hat, was ungewöhnlich ist, keine Straßenmarkierungen und ist rot gepflastert, damit wirkt sie wie ein gewaltiger roter Teppich, der vom **Admiralty Arch** zum **Buckingham Palace** führt. Sie ist ziemlich häufig mit Fahnen gesäumt und wird jeden Sonntag für den gesamten Verkehr gesperrt.

Sehr stilvoll und intim: die Bar Fumoir im Hotel Claridge's

WELCHES IST DAS CHARMANTESTE HOTEL DER STADT? ______

___ Das **Claridge's** (S. 45), ohne Zweifel – der Service ist tadellos.

WELCHE SIND IHRE ABSOLUTEN LIEBLINGSLÄDEN? ______

— **John Lobb** (88 Jermyn Street, *johnlobb.com*) für wunderbare, handgefertigte Schuhe - die schönsten der Welt. Der **Dover Street Market** (S. 60) verändert sich ständig und entwickelt sich weiter, der Laden ist immer großartig. Wenn ich Käse kaufen möchte, gehe ich zu **La Fromagerie** (*lafromagerie.co.uk*) auf der Marylebone High Street und auf die sonntäglichen Bauernmärkte in der Nähe. Für Interior ist die **Pimlico Road** die erste Adresse, **Jamb** (Nr. 95–97, *jamb.co.uk)* ist ein beliebter Händler für Antiquitäten, **Peter Harrington Rare Books** auf der Fulham Road (Nr. 100, *peterharrington.co.uk*) für Erstausgaben. Auch toll: der **Columbia Road Flower Market** (S. 116) an einem Sonntag. Er ist ein visuelles Spektakel, die schmale Straße ist voller Marktstände, die Eimer mit frischen Blumen vor hübsch bemalten, geschlossenen Geschäften verkaufen. Kommen Sie sehr früh, um die Menschenmassen zu vermeiden.

GIBT ES EIN VERSTECKTES JUWEL DER STADT, DAS SIE UNS VERRATEN?

— Fahren Sie nach Osten zur **Fournier Street** (S. 116) in Spitalfields, einem erstaunlichen Beispiel für hugenottische Häuser aus dem 18. Jahrhundert. **Dennis Severs' House** (S. 123) liegt ein paar Straßen weiter auf der Folgate Street. Ein Besuch dort ist ein atemberaubendes Erlebnis, das Sie in die Vergangenheit zurückversetzt.

WELCHES KINO MÖGEN SIE BESONDERS?

— Das **Electric Cinema** in Notting Hill (191 Portobello Road, *electriccinema.co.uk*), ein restaurierter Kinosaal mit edwardianischem Ambiente und bequemen Ledersesseln.

WAS SOLLTE MAN SICH IN LONDON GÖNNEN?

— Unbedingt eine Nassrasur bei **Trumpers** (S. 49) in Mayfair. Es ist ein einzigartiges und ganz besonderes Erlebnis. Ich würde wahrscheinlich auch ein neues Parfüm kaufen, bevor ich den Laden wieder verlasse. **Floris** auf der Jermyn Street (S. 56) ist der älteste englische Einzelhändler für Parfüms und Toilettenartikel, befindet sich auch heute noch in Familienbesitz und wird von dieser auch geführt - perfekt für Geschenke.

WO IN LONDON ENTSPANNEN SIE AM BESTEN?

— Die **London Library** in St James's (14 St James Square, *londonlibrary.co.uk*) ist der perfekte Ort, um Ruhe und Frieden in der Großstadt zu finden, umgeben von großartigen Wälzern. Führungen durch die Bibliothek sind auch für Nicht-Mitglieder möglich. Alternativ ist ein Spaziergang entlang des **Regent's Canal** eine wunderbare Möglichkeit, London zu sehen - ohne den Verkehr. Der Kanal erstreckt sich von Paddington bis zum East End und verläuft durch den Londoner Zoo im Regent's Park.

Lunch-Tipp: das Lokal Bocca di Lupo in Soho

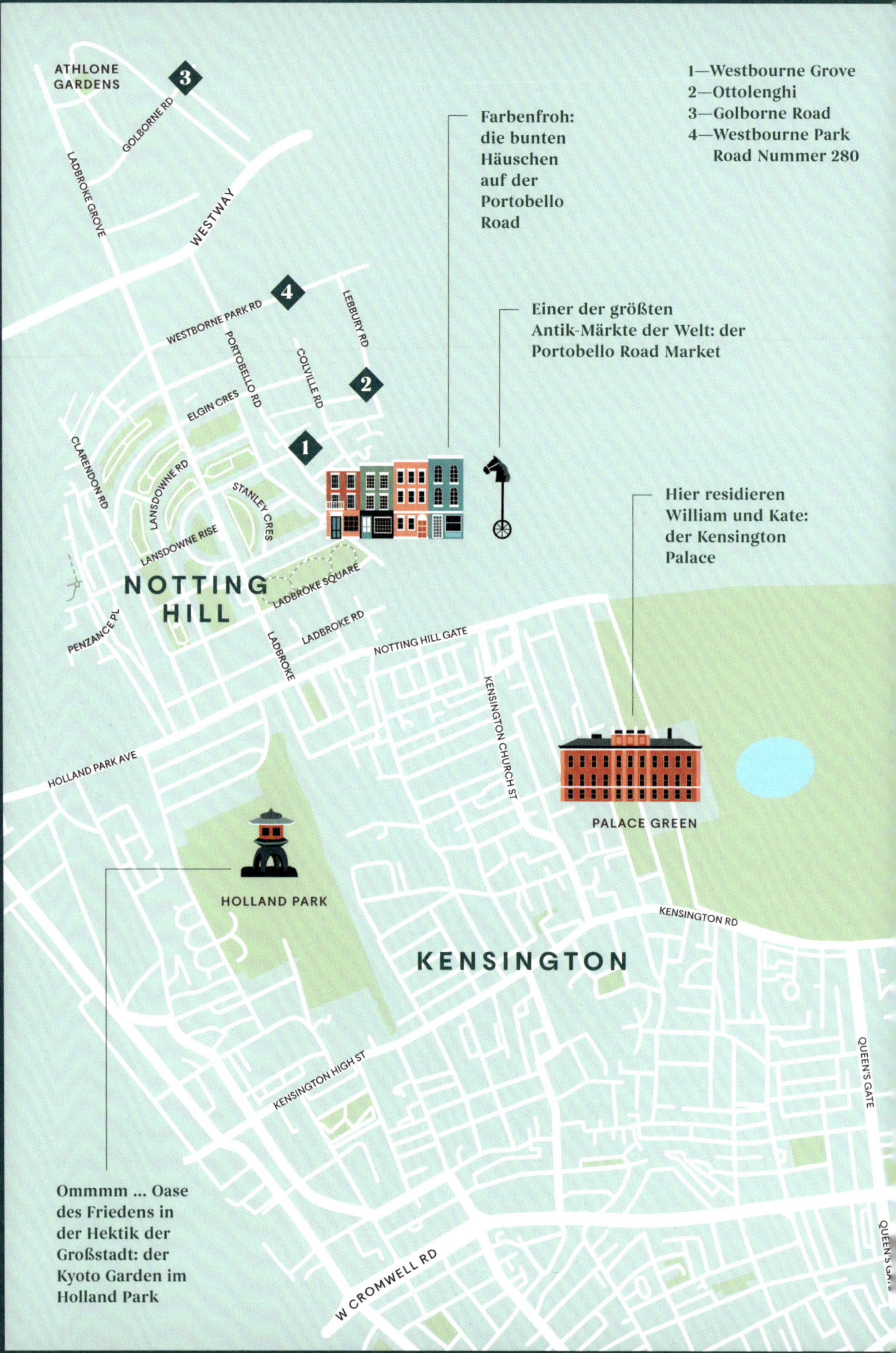
1—Westbourne Grove
2—Ottolenghi
3—Golborne Road
4—Westbourne Park Road Nummer 280
Farbenfroh: die bunten Häuschen auf der Portobello Road
Einer der größten Antik-Märkte der Welt: der Portobello Road Market
Hier residieren William und Kate: der Kensington Palace
Ommmm … Oase des Friedens in der Hektik der Großstadt: der Kyoto Garden im Holland Park
ATHLONE GARDENS
GOLBORNE RD
LADBROKE GROVE
WESTWAY
WESTBORNE PARK RD
LEBBURY RD
PORTOBELLO RD
COLVILLE RD
ELGIN CRES
CLARENDON RD
LANSDOWNE RD
STANLEY CRES
LANSDOWNE RISE
LADBROKE SQUARE
NOTTING HILL
PENZANCE PL
LADBROKE RD
LADBROKE
NOTTING HILL GATE
KENSINGTON CHURCH ST
HOLLAND PARK AVE
PALACE GREEN
HOLLAND PARK
KENSINGTON RD
KENSINGTON
QUEEN'S GATE
KENSINGTON HIGH ST
W CROMWELL RD

TOUR

1

NOTTING HILL & KENSINGTON

Notting Hill ist eines der beliebtesten Viertel Londons – und das nicht erst seit der herrlichen Filmromanze »Notting Hill« mit **Hugh Grant,** der in diesem Teil der Stadt als Buchhändler William Thacker einen Reisebuchladen betreibt und eine stürmische Romanze mit der Hollywooddiva Anna Scott (Julia Roberts) beginnt. Berühmt ist Notting Hill allerdings weniger für seine Historie als für seine farbenfrohen Häuser, hübschen Boutiquen und Restaurants, den rummeligen Antiquitäten- und Straßenmarkt samstags auf der **Portobello Road** – und den Karneval, der jeden August stattfindet. Im benachbarten Kensington geht es wesentlich geruhsamer zu. Vornehme Villen säumen die Straßen zwischen den eleganten Parkanlagen, hier residieren Botschafter und Milliardärsfamilien – und im **Kensington Palace** William & Kate.

SPAZIERGANG: VOM HIPPEN WESTBOURNE GROVE UND DEN CHARMANTEN LÄDEN DER GOLBORNE ROAD ZUM MALERISCHEN HOLLAND PARK

Startpunkt ist die Tube-Station Notting Hill Gate. Über die Pembridge Road gelangt man in die berühmte **Portobello Road.** Samstags ist hier Markttag – und damit Haupttouristentag. Wer auf dem Antiquitätenmarkt, der sich zwischen Chepstow Villas und Elgin Crescent konzentriert, etwas kaufen möchte, sollte früh kommen. Und sich auf Gedränge gefasst machen. Sobald man **Westbourne Grove** erreicht, lohnt es sich, diesen sowohl nach rechts als auch nach links abzulaufen. Mit seinen coolen Mode-Boutiquen, z.B. Emma Hope (Schuhe, Nr. 207) und Cafés wie Farmacy (Nr. 74–76, S. 24) ist diese Straße eine Art Epizentrum des Viertels. Wer nach rechts geht, gelangt zur Ledbury Road, dort links abbiegen, Pause beim weltbekannten Deli **Ottolenghi** (63 Ledbury Road, S. 24), danach shoppen bei Matches Fashion (60–64 Ledbury Road), einem der hippsten Modeläden des Landes. Lohnenswert: ein Abstecher zur **Golborne Road** am Ende der Portobello Road: portugiesische Bäckereien, Vintage-Läden (z.B. Rellik, Nr. 8) und Marktstände mit marokkanischem Streetfood. Filmfans sollten einen Bummel in die **Westbourne Park Road Nummer 280** unternehmen, wo sich die berühmte blaue Tür befindet, hinter der William im Film mit seinem schrulligen Mitbewohner Spike (Rhys Ifans) lebt. Ruhepause gefällig? Über die Clarendon Road und die Portland Road, via Holland Park Avenue auf die Straße Holland Park, die von traumhaften Villen gesäumt wird. Hier befindet sich der Eingang zum romantischen **Holland Park.** Tipp: Relaxen im friedlichen **Kyoto Garden** im japanischen Zen-Stil mit Koi-Karpfen-Teich, der dort 1991 angelegt wurde.

Im Uhrzeigersinn: Very british – Einkaufen bei Paul Smith. Verführerisch: die Salate bei Ottolenghi. Das Design Museum wurde von Sir Terence Conran gegründet. Kulinarisches Highlight: Sally Clarke. Ruhmreich: der Kensington Palace

ESSEN UND TRINKEN

FRÜHSTÜCK

Farmacy
74–76 Westbourne Grove
farmacylondon.com
Lieblingstreff der Models – hier wird Healthy Eating großgeschrieben. Camilla Fayed, Tochter des ehemaligen Harrods-Besitzers Mohamed Al-Fayed, betreibt dieses supergesunde Café. Einer der Frühstückshits: die glutenfreien Chocolate-Chip-Waffeln mit hausgemachtem gesundem Nutella und Kokosjoghurt.

Sally Clarke
124 Kensington Church Street
sallyclarke.com
Seit über 30 Jahren eine echte Institution – Chefköchin Sally Clarke serviert britische Küche auf hohem Niveau. Der Hit auf der Frühstückskarte: Eggs Florentine. Clarke verwendet nur die frischesten Zutaten und hat eine treue Stammkundschaft. Das liebevoll-chic eingerichtete Restaurant ist auch zum Dinner ein beliebter Hotspot (Drei-Gänge-Menü für ca. 39 £).

Healthy-Eating-Hotspot: Farmacy

LUNCH

Chucs
226 Westbourne Grove
chucsrestaurants.com
Beliebter Lunchspot, ein Stück Amalfiküste in Notting Hill, die weiblichen Gäste tragen gerne ihre neuesten Fashion-Errungenschaften, im Sommer kann man wunderbar im Garten essen. Sehr zu empfehlen: die Spaghetti mit frischem Hummer und die Pizza Bianca mit Räucherlachs.

Ottolenghi
63 Ledbury Road
ottolenghi.co.uk
Nummer-sicher-Adresse gegen Hungerattacken zu jeder Tageszeit. Im hinteren Teil des Shops gibt es zwar Sitzmöglichkeiten, die meisten holen sich hier aber etwas auf die Hand: frische Brioches und Quiches, leckere Salate wie gegrillte Aubergine mit Feta und Kräutern, köstliche Kuchen (toll: der saftige Zitronen-Polenta-Pistazien-Cake).

DINNER

Peyotito
31 Kensington Park Road
peyotitorestaurant.com
Cooler junger Mexikaner, gemischtes Publikum.

Köstlich zu jeder Tageszeit: Ottolenghi

Tipp: Tacos bestellen, z. B. Tacos de Barbacoa mit geschmortem Lamm und scharfer Salsa. Auch köstlich: Tostada de Atun (Yellowfin-Thunfisch mit Guacamole). Auch wenn es das Klischee bedient: Unbedingt einen Peyotito Margarita probieren! Und zum Nachtisch ein Stück vom Mascarpone Cheese Cake.

The Cow Pub & Dining Room
89 Westbourne Park Road
thecowlondon.co.uk
Lockeres Ambiente, herzlicher Service, leckere Küche und ein anständiges Guinness – klar, dass der Laden immer ziemlich voll ist. Auch Superstar David Beckham ist Fan! Der Besitzer dieses beliebten Hangouts in Notting Hill ist Tom Conran, Sohn von Design-Legende Sir Terence Conran.

The Shed
122 Palace Garden Terrace
theshed-restaurant.com
Kreative Küche mit regionalen Zutaten – das Restaurant wird von den drei sympathischen Gladwin-Brüdern betrieben. Auf den Teller kommen ausschließlich britische Gerichte, die Zutaten stammen von dem Familien-Bauernhof der Brüder. Weiterer Pluspunkt: die persönliche und sehr gemütliche Atmosphäre. Auch ein Besuch des Schwesterlokals The Rabbit in Chelsea ***(rabbit-restaurant.com)*** lohnt sich unbedingt!

Zuaya
35 Kensington High Street
Zuaya.co.uk
Erstklassige lateinamerikanische Küche in cool-elegantem Ambiente, ein Hit in der jungen Foodie-Szene. Chefkoch Francisco Lafee, der bereits in einem der besten Restaurants der Welt, dem El Celler de Can Roca, arbeitete, serviert Fusion-Gerichte auf höchstem Niveau. Von Donnerstag bis Samstag legt später ein DJ auf.

Zuaya

EINKAUFEN

Ceramica Blue
10 Blenheim Crescent
ceramicablue.co.uk
Der kleine Laden ist ein Traum für Geschirr- und Küchenfans: handgearbeitete Holzbretter aus England, Teller aus der Provence, knallbunte Schüsseln aus recyceltem Glas aus Spanien. Dazwischen ungewöhnliche Kochutensilien aus Kolumbien, schwedische Leinenware und tolle Geschenkideen aus aller Welt. Auch Star-Koch Yotam Ottolenghi kauft bei Lindy Wiffens ein.

Graham & Green
4 Elgin Crescent
grahamandgreen.co.uk
Im Angebot sind Möbel und ausgefallene Living-Accessoires, außerdem ist dieser Laden eine beliebte Anlaufadresse für alle, die auf der Suche nach hübschem Krimskrams, Schmuck, außergewöhnlichem Geschenkpapier oder ausgefallenen Kärtchen sind.

Les Couilles du Chien
65 Golborne Road
lescouillesduchien.com
Wundervolle Schatzkammer: Les Couilles du Chien wurde vor über 25 Jahren von Jerome Dodd gegründet. Er verkauft eine einzigartige Mischung aus Stilen und Epochen – neue, alte und ziemlich ungewöhnliche Möbel, Leuchten und Objekte aus aller Welt.

Paul Smith
Westbourne House
122 Kensington Park Road
paulsmith.co.uk
In einer eleganten Stadtvilla etwas ab von den Hauptströmen der Portobello-Road-Touristen hat sich einer der Stars der britischen Mode eingerichtet. Auf drei Stockwerken präsentiert Smith unverwechselbare Mode, Accessoires,

Bücher und Homeware. Immer einen Besuch wert!

KUNST UND KULTUR

Kensington Palace
Kensington Gardens
hrp.org.uk/ kensington-palace/
Hochherrschaftlich: Prinzessin Dianas Wohnsitz nach ihrer Trennung von Prinz Charles, heute leben hier William und Kate mit ihren drei Kindern und Harry und Meghan. Trotzdem sind einige Teile der Öffentlichkeit zugänglich, z. B. die ehemaligen Unterkünfte von Queen Mary und die Orangerie mit elfenbeinfarbenen Wänden und römischen Säulen.

The Design Museum
224–238 Kensington High Street
designmuseum.org
Eines der weltweit führenden Museen auf seinem Gebiet, gegründet von Sir Terence Conran: Auf 10 000 Quadratmetern dreht sich alles um die Themen Architektur, Grafik, Mode und Design. Neben der permanenten Ausstellung »Designer Maker User« werden in wechselnden Schauen Werke von einigen der berühmtesten Designer und Architekten der Welt präsentiert: von Frank Gehry bis Zaha Hadid.

Pruskin Gallery
73 Kensington Church Street
pruskingallery.com
Die Galerie von Michael und Julia Pruskin hat sich auf Antiquitäten und Kunstwerke aus der Zeit von 1880 bis 1970 spezialisiert: Möbel, Leuchten, Spiegel, Keramik, Skulpturen und Gemälde sowie kleine Objekte und Accessoires.

Schön entspannend: Cowshed Spa

Hier steigen Rockstars gerne ab: Portobello Hotel

RELAX

Cowshed
119 Portland Road
cowshed.com
1998 wurde in einem Kuhstall des In-Hotels Babington House in Somerset der erste Cowshed Spa eröffnet. Daraus wurde eine Kultmarke – in den Spas setzt man auf lässiges Wohlfühlambiente. Das Angebot reicht von Maniküre bis zu tollen Massagen.

SCHLAFEN

Portobello Hotel
22 Stanley Gardens
portobellohotel.com
Etwas exzentrisch und sehr charmant. Die kleine Stadtvilla ist eine Hotel-Legende! In Zimmer Nummer 16 schlossen sich Kate Moss und Johnny Depp schwer verliebt tagelang ein und badeten in Champagner; als Alice Cooper hier übernachtete, hielt er sich eine Schlange in der Wanne. Man kann zwischen verschieden großen Zimmer wählen, jedes hat seinen ganz eigenen Stil mit herrlich-altmodischen Bädern, Antiquitäten und bunten Farben.
DZ ab ca. 200 £.

The Main House
6 Colville Road
themainhouse.co.uk
Nur vier Zimmer, die sind allerdings geräumig und mit antiken Schränken und Bildern, riesigen Betten mit ägyptischer Baumwoll-Bettwäsche und Kipling-Büchern im Regal wirklich hübsch eingerichtet. Besitzerin Caroline Main war früher Safari-Guide, zu ihren Gästen zählen japanische Popstars, Filmproduzenten und russische Prinzessinnen. Praktisch: Das Mini-Hotel ist gleich um die Ecke der Portobello Road. Frühstück wird auf Wunsch im Zimmer gereicht. DZ ca. 65 £.

INSIDER-TIPP DER CREW

DAS BEACH BLANKET BABYLON IN NOTTING HILL IST EIN ECHTER HOTSPOT: LÄSSIGE ATMOSPHÄRE, COOLES DESIGN, GUTE KÜCHE.

Christopher Danner
Purser

CHELSY DAVY

Seit ihrer Schulzeit auf dem Cheltenham Ladies College und auf der Stowe School ist Chelsy, die in Simbabwe geboren wurde, ein fester Bestandteil der Society. Sieben Jahre lang war die schöne blonde Anwältin, die für ihren unverwechselbaren Humor berühmt ist, in einer On-Off Beziehung die Frau an der Seite von Prinz Harry. 2011 trennten sie sich endgültig. Heute ist Chelsy erfolgreiche Schmuckdesignerin mit ihrem Label AYA, das sie aus Liebe zu ihrer Heimat Afrika gründete. Auf ihren Reisen durch den Kontinent hat sie sich von seiner Schönheit inspirieren lassen. Das spiegelt sich in ihrer außergewöhnlichen Kollektion wider: feinste Handwerkskunst in Verbindung mit kostbaren Edelsteinen, die alle nachhaltig abgebaut wurden (*aya.co.uk*).

WAS IST IHRE LIEBLINGSGEGEND, UND WARUM IST SIE SO BESONDERS?

Chelsea (ha, das passt!) ... Das Viertel hat eine wirklich lustige und entspannte Atmosphäre mit vielen leckeren Restaurants und tollen Einkaufsmöglichkeiten.

WOHIN GEHEN SIE GERNE ZUM LUNCH IN CHELSEA?

Das **Ivy Chelsea Garden** (195–197 King's Road, *theivychelseagarden.com*) ist im Sommer einer meiner Lieblings-Lunchspots in London. **Granger & Co.** (S. 34) und **Colbert** (S. 32) eignen sich auch hervorragend zum Mittagessen.

UND WAS SIND IHRE EMPFEHLUNGEN FÜRS DINNER?

L'Atelier de Joël Robuchon (13–15 West Street, *joelrobuchon.co.uk)* in Covent Garden ist mein Lieblingsrestaurant in London, das Essen so unglaublich köstlich, und ich liebe es, an der Theke zu sitzen. Ich schätze auch das **Kurobuta** (S. 34) in Chelsea sehr, dort ist es etwas gechillter: ein sehr cooles japanisches Restaurant, das wirklich lustige und leckere Tapasgerichte serviert. Probieren Sie die Pork Buns und das Yellowtail-Sashimi!

WAS IST DER BESTE ORT FÜR EINEN ORDENTLICHEN DRINK?

Im **Annabel's** (S. 45) in Mayfair hat man immer einen Riesenspaß. Und das **Chiltern Firehouse** (S. 45) ist auch wirklich lustig für einen Drink nach dem Abendessen.

KÖNNEN SIE UNS EINEN PUB EMPFEHLEN?

The Builders Arms (13 Britten Street, *thebuildersarmschelsea.co.uk)* ist meine Lieblingskneipe. Ich mag auch **The Phene** (S. 34) – vor allem, wegen seiner tollen Terrasse.

WO KANN MAN KUNST AM BESTEN ERLEBEN?

Mayfair ist voll von fantastischen Galerien: **Thaddaeus Ropac** auf der Dover Street (S. 48), die **Royal Academy** *(royalacademy.org.uk)* und **Hauser & Wirth** (S. 42).

WELCHE SEHENSWÜRDIGKEITEN IN IHREM VIERTEL SIND EIN MUSS?

Das **Victoria & Albert Museum** (S. 32) und das **Natural History Museum** (S. 11) sind großartig und liegen direkt um die Ecke in South Kensington.

WAS SOLLTE MAN AUSSERDEM NICHT VERPASSEN?

Die **Serpentine Gallery** (S. 37) im Hyde Park ist auf jeden Fall einen Besuch wert. **The Shard** (S. 106) ist auch ziemlich cool – die Aussicht von oben ist wirklich fantastisch.

WELCHES IST DAS CHARMANTESTE HOTEL DER STADT?

Brown's (S. 42) in Mayfair ist einfach großartig. Wenn Sie lieber in einem kleineren Boutiquehotel wohnen möchten, ist das **11 Cadogan Gardens** *(11cadogangardens.com)* eine echt niedliche Adresse.

WO KAUFEN SIE GERNE EIN?

Mode bei **Baar & Bass** (336 King's Road, *baarandbass.com*), Interior am liebsten im **Conran Shop** (S. 36) und alles andere bei **Selfridges** (S. 42).

WELCHE ORTE LIEGEN IHNEN AUSSERDEM AM HERZEN?

Der **Borough Market** (S. 106), die **Brick Lane** (S. 116) und der **Chelsea Food Market** am Samstag am Duke of York Square.

WAS SOLLTE MAN IN LONDON IMMER KAUFEN?

Ich empfehle Tee von **Fortnum & Mason** (S. 56).

WO IN DER STADT ENTSPANNEN SIE GERNE?

Im **Electric Cinema** (191 Portobello Road, *electriccinema.co.uk*) in Notting Hill oder im Sommer im Hyde Park.

HABEN SIE EINEN SPA-TIPP?

Auf jeden Fall den Spa im **Brown's** (S. 42) – dort werden die wundervollsten Behandlungen angeboten.

Institution für moderne und zeitgenössische Kunst im Hyde Park: die Serpentine Gallery
Gigantisch: das V & A besitzt ungefähr 150 Abteilungen
1—King's Road
2—Sloane Square
3—Harvey Nichols
4—Beauchamp Place
5—Edward Sexton
6—Daphne's
7—William Yeoward
8—India Jane
9—Bistro Colbert
KNIGHTSBRIDGE
SOUTH KENSINGTON
CHELSEA
S CARRIAGE DR
KNIGHTS BRIDGE
TREVOR ST
RAPHAEL ST
EXHIBITION RD
PRINCES GARDENS
ENNISMORE MEWS
RUTLAND GATE
BROMPTON ROAD
HANS RD
BEAUFORT GARDENS
HANS PL
WALTON ST
THURLOE PL
BROMPTON RD
PAVILION RD
CADOGAN SQUARE
PARK THURLOE SQUARE GARDEN
HASKER ST
MILNER ST
MOSSOP ST
HALSEY ST
CADOGAN ST
SLOANE AVE
DRAYCOTT AVE
PARK PELHAM CRESCENT
LUCAN PL
POND PL
CALE ST
ELYSTAN PL
MARKHAM ST
CHELSEA BRIDGE RD
ROYAL AVE
SMITH ST
ST LEONARD'S TERRACE
S PARADE
BRITTEN ST
FULHAM RD
RADNOR WALK
EAST RD
WEST RD
CHELSEA MANOR ST
BEAUFORT ST
ELM PARK RD
THE VALE
GLEBE PL
OAKLEY ST
OLD CHURCH ST
LIMERSTON ST
PARK WALK
DANVERS ST
CHELSEA EMBANKMENT
EDITH GROVE
CREMORNE ESTATE
FERNSHAW RD
WORLDS END ESTATE
LOTS RD
UVERDALE RD
1985 vom Kunstliebhaber und Werbe-Star Charles Saatchi eröffnet: die Saatchi Gallery
Shopping-Palast Harrods – die berühmte Beleuchtung der Fassade besteht aus etwa 12 000 Glühbirnen

TOUR

2

SOUTH KENSINGTON, CHELSEA & KNIGHTSBRIDGE

Imposante Palais, exklusive Departmentstores wie Harvey Nichols und weltbekannte Museen wie das **Victoria & Albert Museum** prägen die Kulisse von South Kensington und Knightsbridge. Auch Chelsea, das sich bis zur Themse hin erstreckt, gehört zu den besseren Wohngegenden der Stadt. Lebensader ist die lebhafte **King's Road:** im 16. Jahrhundert Privatweg von Henry VIII., später Epizentrum des **Swinging London** und des Punk, heute eine etwas unspektakuläre Einkaufsstraße. Zum Mitreden: Nach der Tube-Station Sloane Square sind die legendären Sloane Rangers kurz **Sloanes** benannt, jene vermögenden Upper-Class- und Adelssprösslinge, die gerne Barbour, Burberry und Mulberry tragen und die Wochenenden auf den Ländereien ihrer Eltern mit Reiten und Jagen verbringen. Eine ihrer Ikonen war **Lady Diana.**

SPAZIERGANG: VON HARRODS ZUM WELTBERÜHMTEN V&A MUSEUM UND ZUM EHEMALIGEN EPIZENTRUM DES PUNK – DER EINST LEGENDÄREN KING'S ROAD

Startpunkt ist der clean designte Fashiontempel **Harvey Nichols** an der U-Bahn-Haltestelle Knightsbridge. Wer will, fährt mit den Rolltreppen einmal ganz nach oben und wieder hinunter, um einen kurzen Überblick über die neuesten Fashiontrends zu bekommen. Tipp für Fashion-Verrückte: von hier aus die Sloane Street in Richtung Süden nehmen, wo sich eine Designerboutique an die andere reiht, von Chanel bis Valentino. Zum Erkunden der Viertel nimmt man allerdings die Brompton Road in Richtung Südwesten, am Kaufhaus **Harrods** (87–135 Brompton Road) mit seinen grüngekleideten Portiers vorbei, das einst Mohamed Al-Fayed gehörte, bis zum **Beauchamp Place,** einer kleinen Straße mit einigen interessanten Boutiquen, unter anderem ist hier der legendäre Schneider **Edward Sexton** ansässig (26 Beauchamp Place, Interview: S. 38). Weiter über die Walton Street mit ihren kleinen Läden, zum Beispiel Nina Campbell (Nr. 107). Wenn die Walton auf die Brompton Road stößt, rechts abbiegen, zum **Victoria & Albert Museum.** Das V & A ist riesig, 150 Abteilungen auf sechs Ebenen, alle Kunst und Design gewidmet. Vorher genau planen, was man sehen will. Tipp: die **Fashion Gallery** und die **Architecture Gallery** (Cromwell Road, *www.vam.ac.uk*). Danach easy Lunch beim In-Italiener **Daphne's** (112 Draycott Avenue). Gestärkt in Richtung Westen über die Fulham Road und dann nach Süden auf die Old Church Street abbiegen, bis man auf die legendäre King's Road kommt, auf der in den 60er-Jahren Mary Quant mit ihrem Minirock den britischen Stil revolutionierte. Wer nach rechts abbiegt, gelangt zu einer berüchtigten Adresse. In Nummer 430 betrieb Vivienne Westwood in den frühen 70er-Jahren mit ihrem Lover, dem Sex-Pistols-Manager Malcolm McLaren, die verruchte Boutique Sex. Wer nach links in Richtung Sloane Square läuft, kann nach Herzenslust shoppen. Zum Beispiel Interior bei **William Yeoward** (Nr. 270) oder **India Jane** (Nr. 121) und Mode bei Reiss (Nr. 114) oder Whistles (Nr. 31). Endstation ist der hübsche Sloane Square mit seinen Cafés – sehr beliebt ist das französische Bistro **Colbert** (50–52 Sloane Square) und der Springbrunnen, der die Liebesgöttin Venus zeigt.

Rechte Spalte: Lässig & glamourös: das Restaurant Harry's Dolce Vita in Knightsbridge (oben). Klassiker: das Nobel-Kaufhaus Harrods (Mitte). Kunstmuseum in den Kensington Gardens: Serpentine Gallery (unten)

Linke Spalte: Ein Stück Paris in der britischen Hauptstadt: Bistro Colbert (oben). Lammbraten mit Gnocchi im Restaurant Daphne's (unten)

ESSEN UND TRINKEN

FRÜHSTÜCK

Granger & Co.
237–239 Pavilion Road
grangerandco.com
Perfekt für Langschläfer: Frühstück gibt's beim australischen Koch Bill Granger bis 12 Uhr. Die Atmosphäre ist locker. Da man nicht reservieren kann, muss man am Wochenende schon mal anstehen. Aber es lohnt sich: Die Rühreier, das Bircher Müsli und Bills Spezialität – warme Ricotta-Pfannkuchen mit Bananenbutter – sind einsame Spitze.

LUNCH

Scalini
1–3 Walton Street
scalinilondon.co.uk
Mittags ist meistens ordentlich was los. Denn der Old-School-Italiener ist nicht nur in der Nachbarschaft ziemlich beliebt. Hier wird klassische Küche ohne viel Firlefanz serviert. Neben den vorzüglichen Fischgerichten ist die hausgemachte Lasagne wirklich zu empfehlen!

The Phene
9 Phene Street
thephene.com
Der perfekte Ort für eine Shoppingpause: Der hell und luftig eingerichtete Pub mit seinem zauberhaften Garten liegt idyllisch in einer kleinen Straße in Richtung Themse. Die großen Bretter zum Teilen mit Seafood oder orientalischen Spezialitäten sind der Renner auf der Speisekarte. Sehr freundliches Personal!

Perfekt für die Shoppingpause: Daphne's

DINNER

Harry's Dolce Vita
27–31 Basil Street
harrysdolcevita.com
Die Vintage-Glamour-Atmosphäre erinnert an das Italien der 50er- und 60er-Jahre. Auf der Karte stehen schnörkellose Gerichte, der Service ist zuvorkommend und die Cocktails sind köstlich – Tipp: Den Drink »Frangelico Sour« probieren. Und zum Desert »Harry's Toadstool«: Vanille-Parfait, Himbeeren und weiße Schokolade in Fliegenpilzform. Auch der Brunch am Wochenende lohnt sich!

Kurobuta
312 King's Road
kurobuta-london.com
Scott Hallsworth, Ex-Koch im Nobu, hat für seine beiden Restaurants vorzügliche japanische Gerichte kreiert, dazu serviert er in gechillter Atmosphäre ordentlich laute Indie-Musik und starke Drinks. Tipp: Am »Tight Ass Tuesday« kann man sieben verschiedene Speisen für nur 28 £ ordern, dazu gibt's ausgesuchte Cocktails zum halben Preis.

Köstliches Frühstück
mit Retro-Atmosphäre:
Granger & Co.

DRINKS UND AUSGEHEN

Nam Long Le Shaker
159 Old Brompton Road
namlong.co.uk
An der Tür des vietnamesischen Bar-Restaurants scheiterten einst Prince William und Mick Jagger. Neben den leckeren Dim Sum ist der Laden berühmt für seinen Killer-Drink Flaming Ferrari, einem Mix aus grünem Chartreuse, Grand Marnier, dunklem Rum und gelbem Chartreuse.

EINKAUFEN

Emilia Wickstead
162a Sloane Street
emiliawickstead.com
Emilia Wicksteads ultra-feminine Designs begeistern Käuferinnen wie die Herzogin von Cambridge, Suki Waterhouse oder Alexa Chung. Schon ihr elegant eingerichteter Flagship-Store auf der Sloane Street ist auf jeden Fall einen Shopping-Stopp wert.

Gina
189 Sloane Street
gina.com
Das Schuh- und Taschenlabel wurde 1954 vom Schuhmachermeister Mehmet Kurdash gegründet und ist bis heute wegen seiner hohen Qualität und der skulpturalen Designs sehr populär. Es ist außerdem eines der letzten, das seine guten Stücke tatsächlich in London herstellt.

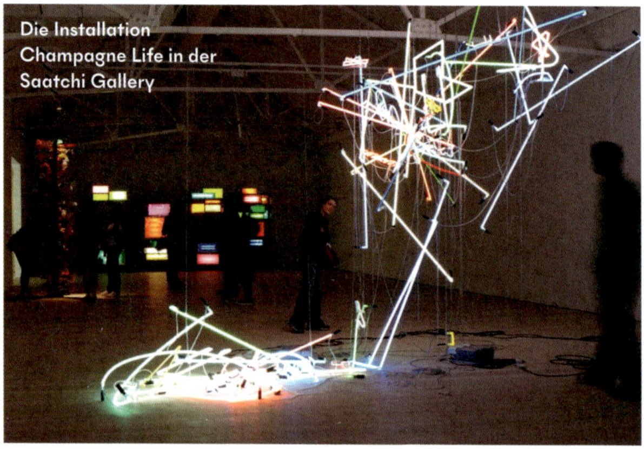
Die Installation Champagne Life in der Saatchi Gallery

John Sandoe Books
10–12 Blacklands Terrace
www.johnsandoe.com
Eine der besten unabhängigen Buchhandlungen der Stadt. In einem hübschen Reihenhäuschen aus dem 18. Jahrhundert stapeln sich auf drei Stockwerken Werke aller Genres, auch einige vergriffene Exemplare sind im Angebot.

The Conran Shop
Michelin House
81 Fulham Road
www.conranshop.co.uk
Der Conran Shop eröffnete 1987 im historischen Michelin House Building, einem Art-déco-Gebäude von 1911, an der Fulham Road und läutete damit die Wiederbelebung der Gegend ein. Die perfekte Anlaufstelle für alle, die Interior lieben: Im Angebot ist eine toll kuratierte Auswahl an Möbeln, Leuchten, Wohnaccessoires und Geschenken von einigen der berühmtesten Designer der Welt.

KUNST UND KULTUR

88-Gallery
86–88 Pimlico Road
88-gallery.com
Eine echte Schatzkammer: Die von Erik Müllendorff gegründete Galerie hat sich auf

seltene Möbel, Skulpturen, Gemälde und Designobjekte des 20. und 21. Jahrhunderts spezialisiert, zum Beispiel von Gio Ponti, Otto Meier und Franco Albini.

Royal Court Theatre
Sloane Square
royalcourttheatre.com
Eine der wichtigsten Bühnen des Landes für junge, aufstrebende Schreiber und Dramatiker, hier bekommen sie oft die erste Chance, ihre Stücke zu zeigen. Außerdem ist das Haus berühmt für sein experimentelles Theater. Bekannte Schauspieler wie Film-Ikone Gary Oldman standen hier schon auf der Bühne, so wie fast die komplette Besetzung der Kult-TV-Serie »Sherlock«, von Benedict Cumberbatch bis Martin Freeman.

Saatchi Gallery
Duke of York's HQ,
King's Road
saatchigallery.com
Seit 1985 widmet sich die Saatchi Gallery zeitgenössischer britischer und internationaler Kunst. Charles Saatchi, legendärer Werbeguru und Gründer, hat auch die Young British Artists maßgeblich etabliert. Im Jahr 2008 zog die Galerie ins Duke of York HQ Gebäude auf der King's Road in Chelsea. Eines der absoluten Highlights: der berühmte Tigerhai in Formaldehydlösung von Damien Hirst.

Serpentine Gallery
Kensington Gardens
serpentinegalleries.org
In den Galerieräumen sind immer wieder richtungsweisende Ausstellungen moderner und zeitgenössischer Künstler, zum Beispiel von Jeff Koons oder Wolfgang Tillmans, zu bewundern. 2013 kam mit der benachbarten Serpentine Sackler Gallery, einem ehemaligen Schießpulverdepot, das von Zaha Hadid umgestaltet wurde, ein weiterer Ausstellungsraum dazu.

RELAX

Chelsea Physic Garden
66 Royal Hospital Road
chelseaphysicgarden.co.uk
Zauberhafter Garten in der Nähe der Themse. Die Society of Apothecaries hat ihn 1673 ins Leben gerufen, um so viele Heilpflanzen wie möglich zu züchten und zu kultivieren. Heute findet man hier bis zu 5000 verschiedene Arten.

Sarah Chapman
259 Pavilion Road
sarahchapman.net
Celebrities wie Meghan Markle, Victoria Beckham und Supermodel Gigi Hadid schwören auf die Faltenkiller-Gesichtsbehandlungen von Sarah Chapman und den Mitarbeiterinnen ihrer Skinesis Clinic.

SCHLAFEN

Number Sixteen
16 Sumner Place
firmdalehotels.com
Der Inbegriff eines Boutiquehotels: vier äußerst reizvolle viktorianische Stadthäuschen mit insgesamt 41 Zimmern, die sehr liebevoll und individuell mit frischen bunten Farben und Stoffen von Kit Kemp eingerichtet wurden. Nicht verpassen: die opulente Teatime in der schicken Orangerie. Und unseren absoluten Lieblingsplatz – den idyllischen Garten. DZ ab ca. 280 £.

Schöner schlafen: Hotel Number Sixteen

EDWARD SEXTON

Der Maßschneider Edward Sexton ist eine Legende der Savile Row. Er gilt als einer der Erfinder der »Swinging Sixties«, Stella McCartney ging bei ihm in die Lehre. Auf dem Cover des Beatles-Albums »Abbey Road« tragen drei der vier Beatles einen Anzug von »Nutters of Savile Row«, dem Laden von Edward Sexton und seinem damaligen Partner Tommy Nutter. Nur George Harrison tanzte aus der Reihe. Mick Jagger heiratete seine Bianca in einem Anzug von Sexton, Paul McCartney trug einen Sexton-Anzug, als er zum Ritter geschlagen wurde. Auch als der Designer 1990 die Savile Row verließ und nach Knightsbridge zog, blieben ihm seine Fans treu. Bis heute kleidet er unter anderem Elton John und Harry Styles ein (edwardsexton.co.uk).

WELCHES IST IHR LIEBLINGSVIERTEL?

Knightsbridge. Es liegt sehr zentral, trotzdem hat es etwas Dörfliches.

IN WELCHE CAFÉS IN IHRER GEGEND GEHEN SIE GERNE ZUM FRÜHSTÜCK?

Für einen Arbeitstermin ins **Colbert** (S. 32). Wenn ich Lust auf einen tollen Blick über den Hyde Park habe, dann ins Hotel **Mandarin Oriental** (66 Knightsbridge, *mandarin-oriental.com*). Die Aussicht ist einfach wunderbar!

WAS EMPFEHLEN SIE ZUM LUNCH?

Scalini (S. 34), einen alteingesessenen Italiener. Am liebsten bestelle ich dort Seezunge mit Krabben und Avocado.

UND WAS FÜRS ABENDESSEN?

Das **Zuma** (5 Raphael Street, *zumarestaurant.com*). Ein exzellentes japanisches Restaurant, in dem es immer recht lebhaft zugeht.

HABEN SIE EIN LIEBLINGSMUSEUM?

Das **V&A** (S. 32) hat eine großartige Sammlung von Kunst, Antiquitäten, Skulpturen und Mode. Auch die wechselnden Ausstellungen des Museums lohnen sich immer. Dort findet wirklich jeder etwas, das ihn interessiert.

WELCHE SEHENSWÜRDIGKEITEN IN IHRER NÄHE SOLLTE MAN GESEHEN HABEN?

Der **Hyde Park** hat wirklich viel zu bieten. Man kann gemütlich mit einem Boot übers Wasser schippern oder schwimmen gehen. Wer will, der kann dort sogar reiten. Und man sollte sich unbedingt eine Ausstellung in der **Serpentine Gallery** (S. 37) angucken. Danach ist eine Kaffeepause im Restaurant der Galerie, dem Chucs, (*serpentinegalleries.org/visit*) ein Muss! Zaha Hadid hat es designt. Außerdem sollte man auf jeden Fall **Stamford Bridge** besuchen, das Fußballstadion des FC Chelsea (*chelseafc.com*).

WELCHES HOTEL EMPFEHLEN SIE UNS IN DER STADT?

Das **Claridge's** (S. 45). Ein sehr elegantes Haus in wunderschönem Art-déco-Stil.

IN WELCHEN GESCHÄFTEN IN LONDON KAUFEN SIE AM LIEBSTEN EIN?

Wer ein Geschenk sucht, wird bei **Fortnum & Mason** (S. 56) fündig. Und **Liberty** (S. 68) hat natürlich eine großartige Auswahl – von Interieur über ausgefallene Modemarken bis hin zu Schreibwaren.

AN WELCHEN VERSTECKTEN PLÄTZEN ENTKOMMT MAN DEM TRUBEL DER STADT?

Wenn ich die jetzt verraten würde, wäre da ja auch bald ziemlich viel los ... **Mount Street Gardens** ist zum Beispiel eine kleine Ruheoase mitten im hektischen Mayfair.

GEHEN SIE GERNE INS THEATER?

Ich liebe das **Royal Opera House** (*roh.org.uk*), es hat immer wieder Weltklasse-Stücke im Programm. Wenn ich etwas Ungewöhnliches sehen will, gehe ich ins **Royal Court Theatre** (S. 37).

WAS SOLLTE MAN SICH UNBEDINGT GÖNNEN, WENN MAN IN LONDON IST?

In der Heimatstadt der **Savile Row** muss man sich natürlich unbedingt einen maßgeschneiderten Anzug machen lassen.

WIE UND WO ENTSPANNEN SIE AM BESTEN?

Ich liebe meine Arbeit. An meinem Schneidebrett im Studio zu sitzen, mit einer guten Tasse Tee – das ist für mich Entspannung.

HABEN SIE EINEN SPA-TIPP?

Den **Bamford Haybarn Spa** im Hotel The Berkeley (*the-berkeley.co.uk*).

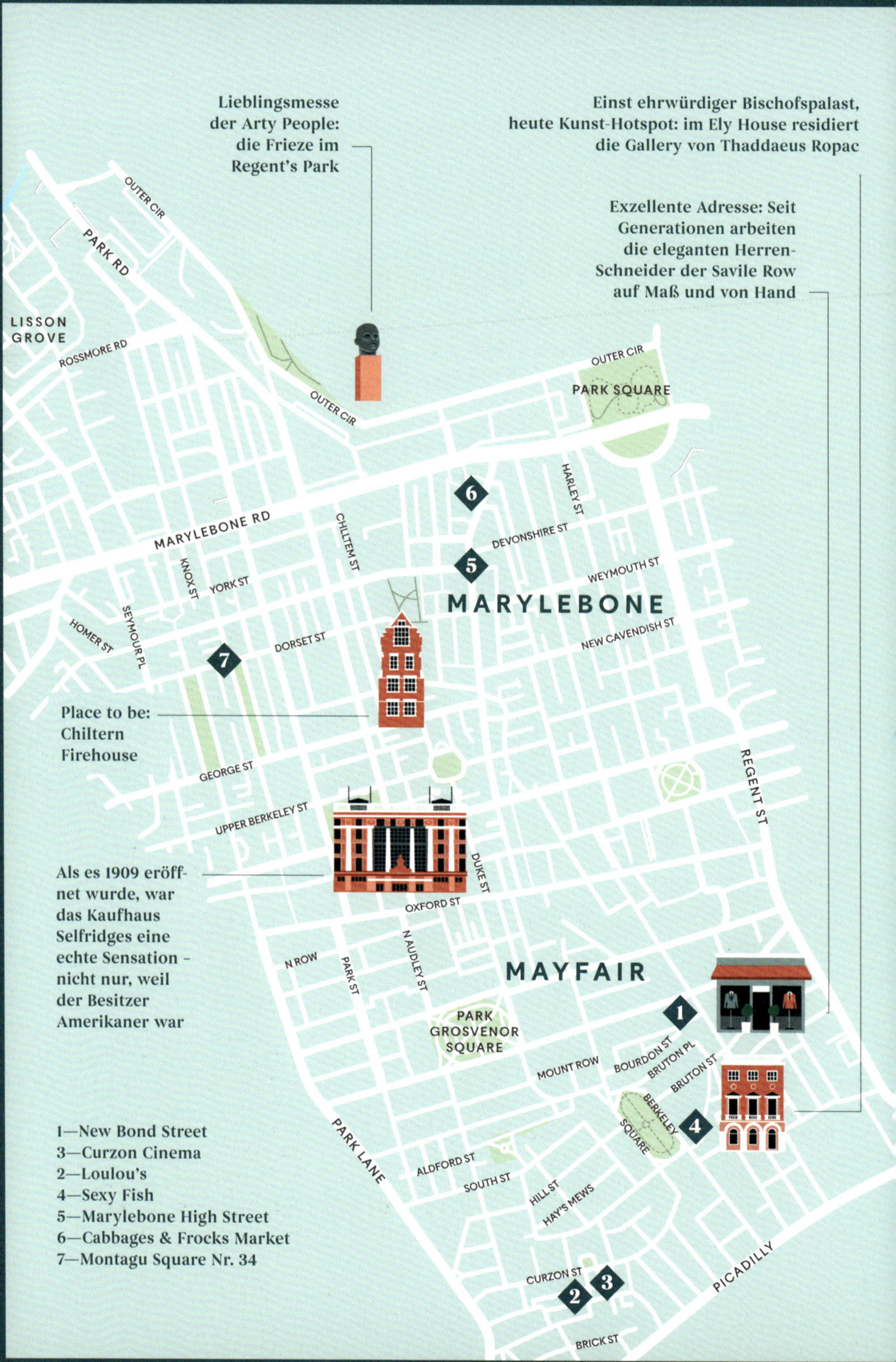
Lieblingsmesse der Arty People: die Frieze im Regent's Park
Einst ehrwürdiger Bischofspalast, heute Kunst-Hotspot: im Ely House residiert die Gallery von Thaddaeus Ropac
Exzellente Adresse: Seit Generationen arbeiten die eleganten Herren-Schneider der Savile Row auf Maß und von Hand
Place to be: Chiltern Firehouse
Als es 1909 eröffnet wurde, war das Kaufhaus Selfridges eine echte Sensation – nicht nur, weil der Besitzer Amerikaner war
OUTER CIR
PARK RD
LISSON GROVE
ROSSMORE RD
OUTER CIR
OUTER CIR
PARK SQUARE
HARLEY ST
MARYLEBONE RD
CHILTEM ST
DEVONSHIRE ST
KNOX ST
YORK ST
WEYMOUTH ST
MARYLEBONE
HOMER ST
SEYMOUR PL
DORSET ST
NEW CAVENDISH ST
GEORGE ST
REGENT ST
UPPER BERKELEY ST
DUKE ST
OXFORD ST
N ROW
PARK ST
N AUDLEY ST
MAYFAIR
PARK GROSVENOR SQUARE
MOUNT ROW
BOURDON ST
BRUTON PL
BRUTON ST
BERKELEY SQUARE
PARK LANE
ALDFORD ST
SOUTH ST
HILL ST
HAY'S MEWS
CURZON ST
PICADILLY
BRICK ST
1
2
3
4
5
6
7
1—New Bond Street
3—Curzon Cinema
2—Loulou's
4—Sexy Fish
5—Marylebone High Street
6—Cabbages & Frocks Market
7—Montagu Square Nr. 34

TOUR

3

MAYFAIR & MARYLEBONE

Lieblingsrevier der Upperclass: Der Name Mayfair stammt eigentlich von den Viehmärkten, die hier in der ersten Maiwoche im 17. Jahrhundert stattfanden. Doch dann ließen sich hochnoble Familien wie die Berkeleys und die **Grosvenors** in der Gegend nieder. Und läuteten den Imagewandel des Viertels ein. Heute gehört Mayfair mit seinen Edelboutiquen auf der Old und **New Bond Street** und den diskreten Luxushotels zu den **poshesten Vierteln** der Stadt. Achten Sie auf die Geschäfte mit dem königlichen Wappen – sie beliefern die Mitglieder der Royal Family. Das nördlich der Oxford Street und südlich vom Regent's Park gelegene Marylebone mit seinen prachtvollen georgianischen Stadthäusern und den **»Mews«,** den vielen kleinen Gassen, ist ebenfalls eine begehrte Wohngegend. Und geschätzt für seine besonderen Lokale und Läden.

SPAZIERGANG: VON DEN MONDÄNEN MASSSCHNEIDERN DER SAVILE ROW ZUR EHEMALIGEN WOHNUNG VON JOHN LENNON IN MARYLEBONE

Startpunkt ist die Tube-Station Green Park. Von hier aus gehen Sie in Richtung Westen, bis Sie zur White Horse Street gelangen. Links abbiegen in die Shepherd Street, dann rechts in die Hertford Street, vorbei an einer der elitärsten Adressen der Stadt, dem Club **Loulou's** (2–5 Hertford Street), der dem legendären **Robin Birley** gehört. An der nächsten Kreuzung, an der auch das berühmte **Curzon Cinema** am Eck liegt, rechts zum Shepherd Market abbiegen, dem alten Zentrum und Marktplatz von Mayfair. Weiter über die Curzon Street in Richtung Osten, bis man zum Berkeley Square mit seinen mächtigen Bäumen gelangt. Lust auf Lunch? Dann im funky **Sexy Fish** (Berkeley Square House) einkehren und Seafood schlemmen. Via Hay Hill, Dover und Grafton Street (kurzer Stopp in der Galerie von David Zwirner, Nr. 24 Grafton Street) gelangt man auf die mondäne Albemarle Street. In Richtung Süden gehen, vorbei am glanzvollen Brown's Hotel (*www.roccofortehotels.com*) – in den eleganten Räumen übernachteten schon Rudyard Kipling und Alexander Graham Bell, der hier 1876 das erste Telefongespräch Englands führte –, bis man zur Royal Arcade kommt, die die Straße mit der Old Bond Street verbindet. Über Burlington Gardens auf die Cork Street mit ihren vielen Kunstgalerien, zum Beispiel Browse & Darby (Nr. 19). Wer sich für exquisite Herrenmode interessiert, sollte einen Bummel über die **Savile Row,** Epizentrum der Maßschneider, einplanen. Sie liegt nur zwei Parallelstraßen weiter, Henry Poole (Nr. 15) ist eine der nobelsten Adressen. Außerdem einen Besuch wert: die Galerie Hauser & Wirth (Nr. 23). Weiter über die New Bond Street in Richtung Norden, vorbei an Boutiquen wie Chanel und Fendi. An der Brook Street links abbiegen und über die South Molton Street auf die Oxford Street, bis man rechterhand auf Selfridges (400 Oxford Street) stößt, Londons beliebtestes Kaufhaus mit seiner frisch renovierten Beauty Hall und den ultraschicken Designer- und Foodabteilungen. Via Orchard und Wigmore Street weiter auf die Marylebone Lane, die zur **Marylebone High Street** mit ihren charmanten Restaurants und Shops führt. Tipp: Bei Daunt Books (Nr. 83), einer der schönsten Buchhandlungen der Stadt, die herrlich altmodisch eingerichtet ist, stöbern. Am Nordende der Straße, an der St Marylebones Parish Church, findet jeden Samstag der **Cabbages & Frocks Market** (*cabbagesandfrocks.co.uk*) statt, wo Künstler und Vintage-Händler außergewöhnliche Schätze verkaufen. Tipp für **Beatles-Fans:** Abstecher zum **Montagu Square Nr. 34** einplanen. Hier wohnten einst Ringo Starr und **John Lennon** mit seiner Frau Yoko Ono. Erschöpft vom vielen Spazierengehen? Pause im Restaurant The Providores and Tapa Room, wo Fusion Cuisine serviert wird (109 Marylebone High Street).

Linke Spalte: Departmentstore Selfridges (oben). Der Club Annabel's wurde von Martin Brudnizki neu und ziemlich dekadent gestaltet (Mitte). Beliebtes Boutique-Hotel: Grazing Goat (unten)

Rechte Spalte: Sterneküche im Hotel – Heinz Beck kocht im Restaurant Beck at Brown's (oben). In-Place Isabel (unten)

Pretty in Pink: The Gallery im Sketch

ESSEN UND TRINKEN

FRÜHSTÜCK

Fischer's
50 Marylebone High Street
fischers.co.uk
Charmantes Old School Café, das seine Gäste den ganzen Tag lang mit üppigen, österreichisch angehauchten Leckereien glücklich macht. Sehr zu empfehlen: das Spinach Gröstl und die diversen Rösti-Variationen. In den kalten Monaten unbedingt die äußerst beliebte heiße Schokolade bestellen.

LUNCH

Little Social
5 Pollen Street
littlesocial.co.uk
Das intime, gemütliche Little Social im französischen Bistrostil liegt quasi gegenüber von seiner großen Schwester, dem Pollen Street Social, beide Restaurants werden mit viel Hingabe von Sternekoch Jason Atherton geführt. Wer hier Fisch bestellt, macht garantiert nichts verkehrt. Und auch die Desserts sind himmlisch.

Sketch
9 Conduit Street
sketch.london
Fulminant, exzentrisch und immer noch ziemlich angesagt: In-Location mit mehreren Restaurants und Bars, jeder Raum ist einzigartig eingerichtet. Sogar die Toiletten in Eierschalen-Form sind ein beliebtes Instagram-Motiv. Der Afternoon Tea in der

pinkplüschigen Gallery lohnt sich: tolle Sandwiches, feinster Kuchen und eine umfangreiche Tee-Auswahl.

DINNER

Isabel
26 Albemarle Street
isabelw1.london
Opulentes Dekor mit viel Kupfer und Glitzer, auf der Karte stehen leichte mediterrane Gerichte mit argentinischem Einfluss. Das Restaurant ist besonders begehrt bei der jüngeren Crowd. Der chilenische Inhaber Juan Santa Cruz betreibt außerdem das hippe Lokal Casa Cruz in Notting Hill.

Chiltern Firehouse
1 Chiltern Street
chilternfirehouse.com
Früher Feuerwache, heute Place to Be. Das Restaurant des ersten Hotels, das André Balasz, der unter anderem das »The Mercer« in New York und das »Chateau Marmont« in Los Angeles in seinem Portfolio hat, in Europa eröffnete, steht bei Hollywoodstars und Models ganz oben auf der Liste. Kaum ein Abend, an dem man hier kein berühmtes Gesicht an einem der Tische erblickt. Was bestimmt auch an der Kochkunst von Nuno Mendes liegt ...

Park Chinois
17 Berkeley Street
parkchinois.com
Retro-Glamour vom Allerfeinsten – absolute Nummer-Sicher-Adresse für einen spektakulären Abend. Exzellente chinesische Küche gepaart mit hervorragendem Live-Entertainment. Der Stil des zweistöckigen Restaurants mit viel Samt und Gold erinnert an die verrucht-vornehmen Clubs im Shanghai der 30er-Jahre. Achtung: Ohne Reservierung geht hier gar nichts.

DRINKS UND AUSGEHEN

Annabel's
46 Berkeley Square
annabels.co.uk
Die Mutter aller Londoner Clubs, ein Stück Geschichte: Es ist der einzige Nachtclub, den Queen Elizabeth je besucht hat. Innenarchitekt Martin Brudnizki hat ihn gerade superfancy neu designt. Unternehmer Mark Birley benannte ihn nach seiner damaligen Ehefrau Lady Annabel Goldsmith. Marks Sohn Robin verkaufte das Annabel's 2007 an Richard Caring – und eröffnete daraufhin den heute schärfsten Konkurrenzclub: Loulou's (siehe Spaziergang) an der Hertford Street (Zutritt leider nur für Mitglieder).

Fumoir/Hotel Claridge's
Brook Street
claridges.co.uk
Seit 1929 einer der Hotspots der britischen Upperclass: Intim-elegante Bar mit außergewöhnlicher Zigarren-Auswahl in einem der stilvollsten Luxushotels der Stadt, an den Wänden hängen Fotografien von William Klein. Tipp: Einen der Signature-Drinks, den Saffron Sidecar, bestellen.

EINKAUFEN

Anderson & Sheppard
32 Old Burlington Street
anderson-sheppard.co.uk
Seit 1906 entwerfen Anderson & Sheppard maßgeschneiderte

Weltweit renommiert: Anderson & Sheppard

FISCHER'S
FISCHER'S
CAFÉ
Konditorei
CAFÉ
Konditorei

In der britischen Hauptstadt kann man sich auf höchstem Niveau durch die Küchen der Welt essen

Ein stilvolles Wiener Kaffeehaus mit einzigartiger Kuchen-Auswahl mitten in Marylebone: das Fischer's

Anzüge für weltberühmte Kunden, unter anderem Rudolph Valentino und Marlene Dietrich. Wer präzises Handwerk liebt, der sollte einen Besuch bei dem ikonischen Savile-Row-Schneider einplanen. Sollten Sie sich einen Anzug machen lassen wollen – bitte Zeit einplanen: Dafür bedarf es mindestens dreier Termine im Laden.

Mouki Mou
29 Chiltern Street
moukimou.com
Die hübsche minimalistisch designte Boutique von Maria Lemos steht für dezenten Luxus. Lemos verkauft in erster Linie Mode und Accessoires von Nischenlabels wie Arts & Science und Zero + Maria Cornejo oder Insidermarken wie The Elder Statesman, aber auch cool designte Wohn-Accessoires.

The New Craftsmen
34 North Row
thenewcraftsmen.com
Das Beste des britischen Handwerks – alles unter einem Dach. Über 70 verschiedene Brands sind in diesem Shop vertreten, wer etwas Einzigartiges sucht, ist hier richtig. Highlights: Kacheln mit außergewöhnlichen Motiven von Laura Carling, Möbel von Sebastian Cox und Skulpturen von Aude Van Ryn.

William Vintage
2 Marylebone Street
williamvintage.com
Der Shop von William Banks-Blaney, dem King of Vintage, zählt seit seiner Eröffnung zu den Lieblingsläden der Fashion-People. Amal Clooney trug bei der Berlinale 2016 ein Yves-Saint-Laurent-Kleid von 1981 aus Banks-Blaneys Boutique auf dem roten Teppich. Weitere Fans von William Vintage: Tilda Swinton und Victoria Beckham. Achtung: Man muss vorher einen Termin vereinbaren.

KUNST UND KULTUR

Thaddaeus Ropac
Ely House
37 Dover Street
ropac.net
Eine Bischofsresidenz aus dem 18. Jahrhundert ist die Heimat einer der großartigsten Galerien der Stadt. Sie wurde von der deutschen Architektin Annabelle Selldorf mit viel Fingerspitzengefühl renoviert. Auf fünf Stockwerken sind in den fast musealen Ausstellungsräumen vor allem zeitgenössische Kunst und Klassiker aus der Sammlung des Star-Galeristen zu bewundern.

Gilbert & George Installation in der Galerie von Thaddaeus Ropac im Ely House

The Wallace Collection
Hertford House
Manchester Square
wallacecollection.org
Außerordentliche Privatsammlung in einem majestätischen Herrenhaus gleich hinter der Oxford Street. Zu bewundern sind unter anderem Werke von Tizian, Rubens, Rembrandt, Hals, Velazquez und Canaletto. Außerdem: alte Rüstungen, historische Waffen, Porzellan und eine beeindruckende Auswahl an französischen Antiquitäten. Der Eintritt ist kostenlos.

RELAX

Geo F. Trumper
9 Curzon Street
trumpers.com
Lieblingsadresse der Londoner Gentlemen, der ganze Laden wirkt wie ein diskreter Herrenclub. Vor über 100 Jahren eröffnete Mr. George F. Trumper seinen exquisiten Barber-Shop in Mayfair, um den Adelsfamilien eine Luxus-Rasur oder den perfekten Haarschnitt zu verpassen. Auch heute ist der nostalgische Barbier, der seine eigene erstklassige Herrenpflege verkauft, erste Adresse für Mitglieder der Politik und der Upperclass.

Como Shambala Spa
Como Metropolitan
Old Park Lane
comohotels.com/en/metropolitanlondon
Göttliche Anwendungen in minimalistisch-sleeker Atmosphäre. Wer den Spa des schicken Hotels betritt, vergisst innerhalb von Sekunden den Trubel der hektischen Großstadt. Tipp für Supergestresste: Die Indian Head Massage ausprobieren. Und danach ein Facial mit Produkten von Guinot – und tschüss, Falten!

SCHLAFEN

The Grazing Goat
6 New Quebec Street
thegrazinggoat.co.uk
Gleich bei der Oxford Street und doch völlig ruhig liegt dieser charmante Mix aus Pub und Hotel. Wer eines der acht gemütlichen Zimmer mit viel hellem Holz und Vintage-Leder betritt, fühlt sich ein bisschen wie in einem Ferienhaus in den Cotswolds. Toll: die Beautyprodukte von Aesop in den Bädern. DZ ab ca. 210 £.

The Zetter Townhouse
28–30 Seymour Street
thezettertownhouse.com/marylebone
Hippes Hotel in einem georgianischen Townhouse mit 24 Zimmern, in dem einst der Dichter Edward Lear lebte. Die Einrichtung: exzentrisch und individuell. Tollstes Zimmer: das Penthouse Lear's Loft. Weiteres Highlight: die dekadent-überladene Lounge Seymour's Parlour, in der Frühstück und Drinks serviert werden. DZ ab ca. 230 £.

EXTRATIPP

Frieze Art
frieze.com
Jedes Jahr im Oktober findet diese wegweisende Kunstmesse des britischen Frieze-Magazins am Rand des Regent's Parks statt. Sie ist einer der wichtigsten Handelsplätze der Welt, die besten nationalen und internationalen Galerien stellen hier aus. Und auch wer auf der Suche nach Newcomern ist, wird fündig.

IRENE UND LYDIA FORTE

Sie sind schön, schlau und gehören zur besten Gesellschaft. Die Schwestern Irene und Lydia Forte. Beim Vater, Hotelier Sir Rocco Forte, laufen alle Fäden der internationalen Hotelgruppe zusammen, die hauptsächlich in Europa elf Luxus-Boutique-Hotels besitzt. In Deutschland gehört z. B. das Hotel de Rome in Berlin dazu. Herzstück der Gruppe ist das legendäre Brown's im Londoner Stadtteil Mayfair. Mittlerweile mischen auch Sir Roccos Töchter im Familienunternehmen mit: Lydia ist als Direktorin für Food & Beverage zuständig, Irene für die Rocco Forte Spas. Wo das hippe junge London einkauft, feiert und luncht, das wissen nur wenige so gut wie die hübschen Schwestern.

WO SHOPPEN SIE GERNE? ___

___ IRENE & LYDIA: Wir lieben den **Paul Smith Store** in der Albemarle Street (Nr. 9), der immer außergewöhnliche Stücke hat, von Möbeln, Haushaltsartikeln und Schmuck bis zu Accessoires und Herrenmode. Der perfekte Ort für Geschenke. Ein paar Häuser weiter, in der Nummer 38, können Sie bei **Aquazzura** Edgardo Osorios Signature-Schuhe kaufen.

UND WOHIN GEHEN SIE DANACH GERNE ZUM LUNCH?

___ IRENE: Nach Chelsea, weil es dort wirklich das erstaunlichste japanische Essen in London gibt. Und ins **Chucs** (S. 24) in Notting Hill wegen seiner italienischen Speisekarte und des idyllischen Gartens, ideal zum Mittagessen im Freien während des Sommers.

WO WIRD DER LECKERSTE AFTERNOON TEA SERVIERT?

___ LYDIA: Der **English Tea Room** im The Brown's Hotel ist ein echtes Erlebnis. Nicht nur, weil er der geschichtsträchtigste Teesalon der Stadt ist, sondern er ist auch der gemütlichste und charmanteste. Wer statt Sandwiches und Scones lieber etwas Gesünderes bestellen möchte, kann auch die »Tea-Tox«-Variante wählen.

WELCHE RESTAURANTS KÖNNEN SIE UNS FÜRS DINNER EMPFEHLEN? ___

___ IRENE: Das **Gymkhana** (42 Albemarle Street, *gymkhanalondon.com*), hier kommen klassische indische Gerichte auf den Tisch. Es liegt in Mayfair, direkt neben Brown's. Das Design des Restaurants mit seinen niedrig hängenden Deckenventilatoren und Glaswandlampen aus Jaipur erinnert an ein altes indisches Clubhaus. **Cépages** (69 Westbourne Park Road, *cepages.co.uk*) in Notting Hill ist ein gemütliches französisches Restaurant und mein Tipp,

wenn man sich gerne mehrere Gerichte teilen möchte. **Mazi** (12–14 Hillgate Street, *mazi.co.uk*), ebenfalls in Notting Hill, und wirklich der Hit für griechisches Essen.

WAS IST DER BESTE ORT FÜR EINEN LATE-NIGHT-DRINK? ___

___ LYDIA: Die Cocktailkarte der **Donovan Bar** im Brown's hat einer der weltweit führenden Barkeeper, der ehemalige Präsident der britischen Barkeeper-Gilde **Salvatore Calabrese,** zusammengestellt. Trinken Sie die **»Sieben Samurai«**, meinen Favoriten aus Salvatores Karte. Wenn Sie einen starken Drink wollen, der Sie umhaut, dann ist das **Nam Long** (S. 36) die beste Adresse: einen **»Flaming Ferrari«** bestellen!

GIBT ES EINEN PUB, DEN SIE EMPFEHLEN KÖNNEN? ___

___ IRENE & LYDIA: Wir lieben das **Harwood Arms** (Walham Grove, *harwoodarms.com*) in Fulham. Obwohl es ein Gastropub ist und kein traditioneller, ist er sehr klassisch eingerichtet. Ein weiterer Favorit von uns ist das **The Phene** (S. 34) in Chelsea, es hat den bezaubernden kleinen Garten.

WAS SIND DIE BESTEN ORTE, UM IN DIE LONDONER KUNSTWELT EINZUTAUCHEN? ___

___ IRENE & LYDIA: **Thaddaeus Ropac** eröffnete 2017 eine Galerie im **Ely House** (S. 48), einer großen Villa in Mayfair. Sie ist ein Vorzeigeprojekt für moderne und zeitgenössische Kunst. Wir gehen auch gerne in die **Royal Academy of Arts** (*royalacademy.org.uk*), besonders jetzt, seitdem sie umgebaut wurde und einen neuen Flügel mit zeitgenössischer Kunst eröffnet hat.

WELCHE SEHENSWÜRDIGKEITEN ODER MÄRKTE SIND EIN MUSS? ___

___ IRENE & LYDIA: Jeden Samstag findet auf dem **Duke of**

York Square, einer Fußgängerzone gleich bei der King's Road, ein Lebensmittelmarkt statt. Da kriegt man alles: von köstlichem Käse über Austern und Marmeladen bis hin zu Streetfood. Himmlisch für Foodies, so kann man seinen Samstagnachmittag gut verbringen. **Kensington Gardens** (S. 26) war für uns schon immer ein besonderer Ort – dort kann man in den italienischen Gärten spazieren gehen, das atemberaubende **Albert Monument** besichtigen und einen weiteren unserer Lieblingsorte besuchen, die **Serpentine Gallery** (S. 37).

WAS SOLLTE MAN IN LONDON AUSSERDEM AUF KEINEN FALL VERPASSEN?

IRENE: Den Westbourne Grove (S. 22). Er liegt im Herzen von Notting Hill und ist eine der angesagtesten Einkaufsgegenden Londons. Dort finden Sie Designer- und Lifestyle-Boutiquen, Kunstgalerien und ausgefallene Läden für exklusive Geschenke. Und es gibt auch einige tolle kleine Restaurants. LYDIA: Die **Dover Street** in Mayfair ist ein Muss. Kunstgalerien, Designer-Boutiquen und einige der besten Restaurants der Stadt säumen die Straße. Nicht weit von der Dover Street entfernt, befindet sich die Old Bond Street, ebenfalls mit einigen großartigen Geschäften. Ein Besuch bei **Fortnum & Mason** (S. 56), dem legendären Londoner Kaufhaus, macht auch immer Spaß. Der Laden ist einzigartig und wirklich schön und berühmt für seine Geschenkkörbe, Tees und den Wein. Der perfekte Ort, um ein passendes Mitbringsel zu kaufen.

WELCHES IST DAS CHARMANTESTE HOTEL DER STADT?

IRENE & LYDIA: Brown's! Sobald man durch die Tür kommt, fühlt man sich zu Hause. Dazu noch die großartige Lage im Zentrum Londons, die Geschichte, das neu eröffnete Restaurant Beck at Brown's (S. 43) und die Donovan Bar – das Hotel ist gemütlich und hat dazu noch einen frischen Touch.

HABEN SIE IRGENDWELCHE GEHEIMTIPPS, ORTE, DIE MAN SONST NUR SCHWER FINDET?

IRENE & LYDIA: Es gibt einen versteckten Platz in Mayfair namens Shepherd's Market (*shepherdmarket.co.uk*) mit Boutiquen, Pubs und Restaurants. Wie das Kitty Fisher's (*kittyfishers.com*), ein sehr romantisches, intimes Lokal, das mit Kerzen beleuchtet ist. Die Plätze dort sind wirklich heiß begehrt.

WAS SOLLTE MAN IMMER KAUFEN, WENN MAN IN LONDON IST?

Die Donovan Bar im Brown's Hotel

IRENE & LYDIA: **Englischen Tee** von Fortnum & Mason und Modeschmuck aus der Boutique **Felt** (53 Godfrey Street, *shop.feltlondon.com*) in Chelsea.

WO IN LONDON ENTSPANNEN SIE SICH?

IRENE: Im **Equinox** (*equinox.com/stjames*) in St James's – es hat die fantastischsten Gymnastikkurse.

WELCHEN SPA EMPFEHLEN SIE UNS?

IRENE: Den Spa im Brown's: Er ist der perfekte Rückzugsort mitten in London. Tipp: Eine **»Rocco Forte Rituals«**- oder eine Anti-Aging-Gesichtsbehandlung buchen.

Der Schweizer Hotelier César Ritz eröffnete das Luxushotel Ritz im Jahr 1906. Und führte es auch jahrelang selbst. Besonders beliebt: der hochelegante Palm Court

Traditionsladen mit einmaliger Tee-Auswahl: Fortnum & Mason

1—Big Ben
2—Westminster Abbey
3—Haus Nummer 10 (Downing Street)
4—Changing of the Guards und Horse Guards Parade
5—Pickering Place
6—Jermyn Street
7—Crockett & Jones Jermyn Street

Royale Residenz mit 775 Räumen: der Buckingham Palace

Der Palace of Westminster, auch Houses of Parliament genannt, ist der Sitz des britischen Ober- und Unterhauses

TOUR

4

ST. JAMES'S, WESTMINSTER & BELGRAVIA

Pompöse Paläste, prunkvolle Paraden ... Westminster ist der historische Stadtkern von London, Zentrum der weltlichen und geistigen Macht Englands. Hier residiert die Queen, von hier aus regieren der britische Premierminister und das Parlament, und hier steht mit dem Big Ben auch der berühmteste Glockenturm der Welt. In den angrenzenden Vierteln St James's und Belgravia bestimmen mondäne Stadtvillen und vornehme alteingesessene Geschäfte wie die exquisiten Herrenboutiquen auf der Jermyn Street, die auch das Königshaus beliefern, das Stadtbild. Außerdem haben dort viele der elitären Gentlemen-Clubs, deren Mitglieder sich schon aus Eton kennen, ihr Quartier.

SPAZIERGANG: VORBEI AN DEN WAHRZEICHEN DER STADT ZU VORNEHMEN BOUTIQUEN FÜR ECHTE GENTLEMEN UND ZUM BUCKINGHAM PALACE

Start ist die Tube-Station Westminster. Sobald man es auf den endlosen Rolltreppen von den U-Bahn-Gleisen ans Tageslicht geschafft hat, erblickt man eine geballte Ladung Londoner Wahrzeichen: die **Houses of Parliaments** (*www.parliament.uk*), ein Glanzstück neogotischer Bauweise und Sitz des Ober- und Unterhauses. Und den **Big Ben.** Seit 1859 schlug die 13,5 Tonnen schwere Glocke des Turms jede Stunde – bis zum August 2017. Jetzt wird renoviert, angeblich vier Jahre lang. Zum großen Ärger der britischen Traditionalisten soll die Glocke auch so lange schweigen. Ein paar Meter weiter steht die **Westminster Abbey** (Achtung: Eintritt nach 17 Uhr kostenfrei!), die Krönungs- und Grabeskirche der Royals. Als Elizabeth II. 1953 auf dem prachtvollen **Coronation Chair** gekrönt wurde, konnten zum ersten Mal in der TV-Geschichte die Menschen im Fernsehen zusehen. Jetzt geht man wieder ein Stückchen zurück, in Richtung Tube-Station, und weiter auf der Straße Whitehall, bis man zur Downing Street kommt. **Haus Nummer 10** ist der Wohn- und Regierungssitz des britischen Premierministers. Auf dem früheren Turnierplatz von Henry VIII., vor **Horse Guards Parade,** kann man heute die Wachablösung der Leibgarde **Changing of the Guards,** erleben (Mo–Sa 11 Uhr, So 10 Uhr). Sightseeingmüde? Pause im nahen St James's Park, dem ehemaligen Jagdrevier von Henry VIII. Von März bis Oktober können Sie sich hier Liegestühle mieten (*www.parkdeckchairs.co.uk*). Frisch ausgeruht über die Marlborough Road auf die St James's Street: An der Ecke Pall Mall, neben der berühmten Weinhandlung Berry Bros. & Rudd, führt eine unauffällige Passage zu Londons kleinstem öffentlichen Platz. Dem **Pickering Place,** auf dem angeblich das letzte öffentliche Duell der Stadt ausgetragen wurde. Weiter auf die **Jermyn Street** – Epizentrum der hocheleganten Herrenmode. Lieblingsläden: **Crockett & Jones** (Nr. 69), Turnbull & Asser (Nr. 71–72), **Floris** (Nr. 89) und Hawkes & Curtis (Nr. 82). Via Piccadilly in Richtung Süden, vorbei an einem der traditionellsten Läden der Stadt: **Fortnum & Mason** (Nr. 181) – auf jeden Fall Tee kaufen! Und danach Stärkung beim Afternoon Tea im legendären **Ritz Hotel** (S. 58), bevor man über den Queen's Walk zum **Buckingham Palace,** dem Amts- und Wohnsitz der britischen Königsfamilie, gelangt. Angucken kann man sich leider nur ein paar der hochherrschaftlichen Gemächer und das auch nur während der Sommermonate, wenn die Queen auf Schloss Balmoral in Schottland weilt.

Im Uhrzeigersinn: Die Queen und Prinz Philip vor dem Buckingham Palace. Floris – der älteste britische Parfümeur. Blick vom Green Park aufs Hotel Ritz. Geräucherte Garnelen mit Kurkuma und Kokosnuss im Kahani. Tea Time bei Fortnum & Mason

ESSEN UND TRINKEN

FRÜHSTÜCK

The Wolseley
1 St James Market
thewolseley.com
Man fühlt sich ein bisschen wie in einem Wiener Kaffeehaus. Elegantes Restaurant mit hohen Decken und grandioser Kulisse, eingerichtet in Schwarz, Gold und Creme. Frühstück wird bis 11.30 Uhr serviert. Der schottische Räucherlachs und die Eggs Benedict sind erstklassig! Tipp: Auf jeden Fall vorher reservieren.

LUNCH / TEA

No 11 Pimlico Road
11 Pimlico Road
no11pimlicoroad.co.uk
Der perfekte Ort für eine kurze Pause vom Trubel der Großstadt, ideal gelegen auf der Pimlico Road, der Lieblingseinkaufsstraße von Interior- und Antikfans. Im modern und trotzdem behaglich im Skandi Look gestylten

Frühstücken mit Grandezza: The Wolseley

Ecklokal wird vom Morgenkaffee bis zum Late-Night-Drink alles serviert.

The Ritz
150 Piccadilly
theritzlondon.com
1906 von César Ritz gegründet und von Fred Astaire im Hit »Puttin' on the Ritz« für alle Zeiten verewigt: Das Hotel mit Blick auf den Green Park ist eine höchst exklusive Adresse. Und der Afternoon Tea ein echtes Erlebnis. Im Palm Court werden Scones und Sandwiches serviert, man wählt zwischen 18 verschiedenen Teesorten, die der hauseigene Tee-Sommelier zusammengestellt hat. Der stolze Preis: ab ca. 57 £. Dresscode: Jacket und Krawatte für Männer – Jeans, Shorts und Sportklamotten sind verboten!

DINNER

Kahani
1 Wilbraham Place
kahanilondon.com
Durch eine unauffällige Tür betritt man ein klassisches rotes Backsteinhaus – und einen der besten Inder der Stadt. Das Ambiente: stylish-elegant mit hohen Decken, plüschigen Sesseln und funky Lampen. Am Herd steht Peter Joseph, der vorher im Tamarind kochte, dem weltweit ersten indischen Restaurant mit Michelin-Stern.

The Alfred Tennyson
10 Motcomb Street
thealfredtennyson.co.uk
Exzellenter Gastropub in einer

ruhigen Straße in Belgravia. Wer Lust auf Fleisch hat, wird hier garantiert nicht enttäuscht. Während es im Erdgeschoss rustikal zugeht, kommt im ersten Stock edlere Küche auf den Tisch. Unbedingt als Nachspeise den Plum & Blackberry Crumble probieren!

DRINKS UND AUSGEHEN

Dukes Bar/Dukes Hotel
35 St James's Place
dukeshotel.com
Das altehrwürdige Hotel war einst der Lieblingsort des James-Bond-Autors Ian Fleming, der an der herrlich altmodischen Hotelbar zwischen Ölgemälden, ausgetretenen Teppichen und Holzvertäfelungen zu seiner »gerührt, nicht geschüttelt«-Variante des Bond-Martinis inspiriert wurde. Auch Prinz Charles und Diana waren hier während ihrer Ehe oft zu Gast.

American Bar/Hotel Stafford
16–18 St James's Place
thestaffordlondon.com
Old School Bar mit viel Mahagoni und bequemen Ledermöbeln, an den Wänden hängen unzählige Fotos von britischen und amerikanischen Stars. Hier werden süffige Drinks wie The Bonaparte oder The Oppenheimer in intimer Atmosphäre gemixt, Bar-Chef Benoit Provost ist eine echte Institution.

EINKAUFEN

50m
Unit 14–15
Ecclestone Yard
50-m.com
Hinter dem neuen superangesagten Konzeptstore 50m

Konzeptstore mit Schwerpunkt auf jungen Designern: 50m

steckt das Kunstkollektiv Something and Son: In coolreduziertem Ambiente kann man einzigartige Mode von aufstrebenden Designern kaufen. Außerdem bietet das 50m einen Coworking Space mit Modellschneidetischen und Nähmaschinen, in dem einige der Designer auch arbeiten.

David Linley
60 Pimlico Road
davidlinley.com
Royal Shopping: Wer den Laden von Prinzessin Margarets Sohn – natürlich Mitglied der königlichen Familie – betritt, hat die Qual der Wahl: Im Angebot ist feinstes britisches Interiordesign, von Sofas, Stühlen, Lampen und Tischen bis zu exquisiten Gläsern und Schmuckschatullen.

Dover Street Market
18–22 Haymarket
doverstreetmarket.com
Eher Kunstgalerie als Modeladen: Der renommierte Konzeptstore, gegründet von Comme-des-Garçons-Designerin Rei Kawakubo, ist berühmt für seine einzigartige Auswahl: Neben Kollektionen der großen Häuser, wie Céline und Valentino, sind auf mehreren Stockwerken auch Newcomer- und Avantgarde-Labels wie Phoebe English zu finden. Allein das Design ist einen Besuch wert.

KUNST UND KULTUR

Churchill War Rooms
Clive Steps
King Charles Street
iwm.org.uk/ visits/churchill-war-rooms
In den labyrinthartigen Räumen des Government Office Building scheint die Zeit stehengeblieben zu sein. Denn Winston Churchills unterirdische Befehlszentrale während des Zweiten Weltkriegs ist quasi im Originalzustand belassen worden: samt Kartenraum, Gasmasken, alten Telefonen und dem Schreibtisch des großen Politikers.

Jermyn Street Theatre
16b Jermyn Street
jermynstreettheatre.co.uk
Liebevoll geführtes intimes Off-Westend-Theater, das durch seine persönliche Atmosphäre und die außergewöhnlichen Inszenierungen besticht. Im Repertoire sind oft lange vergessene oder Newcomer-Werke. Man hat gerne mal das Gefühl, während der Aufführungen Teil des Ensembles zu sein.

Fashion-Hotspot: Dover Street Market

Eines der zehn liebevoll gestalteten Gästezimmer der Artist Residence

Tate Britain
Millbank
tate.org.uk
Die vom Zuckermillionär Henry Tate Ende des 19. Jahrhunderts gegründete Galerie birgt die größte Sammlung britischer Kunst weltweit – vom 16. bis ins 21. Jahrhundert. Unbedingt anschauen: die Turners in der Clore Gallery, Francis Bacons bewegendes Triptychon »Drei Studien zu Figuren einer Kreuzigung« und das gigantische Gemälde »No Woman, No Cry« von Chris Ofili. Tipp: Mit dem Tate Boat (geht alle 40 Minuten) über die Themse zur Tate Modern (S. 106) schippern!

SCHLAFEN

Artist Residence
52 Cambridge Street
artistresidence.co.uk/our-hotels/london/
Dieses Haus muss man einfach lieben: Die heimeligen Zimmer sind im Retro-Chic eingerichtet, das hoteleigene Restaurant The Cambridge Street Kitchen ist ein beliebtes Nachbarschafts-Hang-out, das tagsüber leckere Burger und Eierspeisen serviert – und zum Dinner schmackhafte britische Küche. DZ ab ca. 180 £.

Corinthia Hotel
Whitehall Place
corinthia.com/en/hotels/london
Eines der prächtigsten Hotels der Stadt: Die 294 äußerst großzügigen modernen Zimmer verteilen sich in einem viktorianischen Gebäude aus dem Jahr 1885. Hier befand sich einst das britische Verteidigungsministerium. Highlights neben dem vorzüglichen Restaurant Kerridge's Bar & Grill: die Bassoon Bar mit Live-Piano-Musik und der luxuriöse vierstöckige ESPA mit Pool und Saunen – auf jeden Fall eine Mindful Massage buchen! DZ ab ca. 430 £.

GERRY MCGOVERN

Er gilt als einer der führenden Automobildesigner der Welt. Gerry McGovern, Design Director und Chief Creative Officer von **Land Rover.** Nach Stationen bei Chrysler und Peugeot entstand unter seiner Federführung unter anderem der **Range Rover Evoque** und der Avantgarde-SUV **Range Rover Velar.** Doch neben seiner Liebe zu Automobilen pflegt McGovern ein ausgeprägtes Faible für zeitgenössische Kunst, Architektur und Möbeldesign und gilt in diesen Bereichen als ausgesprochener Kenner. Deswegen ist der Brite seit 2017 auch Gastprofessor am **Royal College of Art** in London.

WAS IST IHR LIEBLINGSVIERTEL IN LONDON?

Ich lebe zurzeit in **Chelsea,** weil ich die Lage sehr schätze: Es ist nur zwei Minuten von der Themse und einen kurzen Fußweg von Belgravia und Mayfair entfernt.

WELCHES CAFÉ IN IHRER GEGEND EMPFEHLEN SIE ZUM FRÜHSTÜCKEN?

Das **Daylesford Organic** (44B Pimlico Road, *daylesford.com*) in Belgravia. Ich mag die Atmosphäre. Die Gäste sind eine bunte Mischung aus Geschäftsleuten und Boheme. Neben einem Typen im Anzug sitzt ein anderer Gast in Shorts und T-Shirt, der an seinem Mac arbeitet. Die Speisekarte ist sehr gesund, obwohl ... mein Lieblingsgericht, das ich mir manchmal als Belohnung gönne, ist der »Grass pastured Beef Burger« mit verschiedenen Salaten.

WAS SIND IHRE FAVORITEN FÜR DEN LUNCH?

Wenn ich an einem Samstag in London bin, gehe ich ins West End. Zwei Orte sollte man sich dort merken: Einer ist ein italienisches Café in Mayfair namens **Petrocchi** (36 Albemarle St., *petrocchirestaurant.uk*), das sehr klein und informell ist. Sie servieren immer ein tolles Gericht des Tages, ich mag am liebsten Fisch. Der andere ist **George** (*georgeclub.com*) an der Mount Street, es ist jedoch ein privates Restaurant, in dem ich seit vielen Jahren Mitglied bin. Das Essen und der Service sind immer ausgezeichnet.

WOHIN GEHEN SIE ABENDS GERNE ZUM DINNER?

Ganz in der Nähe von meinem Zuhause, im Herzen von Belgravia, ist das **Zafferano** (15 Lowndes Street, *zafferanorestaurant.com*): einer dieser Orte in London, an denen man ein Geschäftsessen oder ein entspanntes Dinner mit Freunden und Familie genießen kann. Außerdem ist die Küche sehr gut. Eines meiner Lieblingsgerichte ist das Vitello tonnato und der gegrillte Thunfisch, medium rare. Ich trinke nicht viel, aber wenn, mag ich einen guten Rotwein, entweder einen Sassicaia oder einen Turriga.

UND WO BEKOMMT MAN EINEN ORDENTLICHEN LATE-NIGHT-DRINK?

Land Rover hat seit Kurzem eine Partnerschaft mit dem **Annabel's** (S. 45), das gerade seine Türen zu seinem mit Spannung erwarteten neuen Zuhause geöffnet hat, einem georgianischen Herrenhaus der Klasse I, 46 Berkeley Square – wirklich einer der elegantesten Clubs der Welt. Und ein wunderbarer Ort, um mit Freunden zu essen, zu trinken und die Leute zu beobachten.

GIBT ES IRGENDWELCHE PUBS, DIE SIE EMPFEHLEN KÖNNTEN?

Ich gehe kaum mehr in Pubs, weil ich kein Bier trinke. Aber wenn ich mich mit Freunden zu einem frühen Abenddrink treffen wollte, würde ich das **Cecconi's** (5A Burlington Gardens, *cecconis.co.uk*) in Mayfair wählen. Es ist ein venezianisch inspiriertes, klassisches italienisches Restaurant in wunderbarer Umgebung mit einer Cocktailbar. Die Gäste bestehen aus einer einzigartigen, sehr interessanten Mischung: Politiker, Schauspieler und Entrepreneurs.

WAS SIND DIE BESTEN ORTE, UM IN DIE KUNSTWELT EINZUTAUCHEN?

Ich sammle seit vielen Jahren zeitgenössische Kunst, italienisches Glas und Möbel der Mid-Century-Moderne. Die **Cork Street** (S. 42) ist ein Muss für Menschen, die ein paar gute Galerien für zeitgenössische Kunst besuchen möchten. Auch die **88-Gallery** (S. 36) auf der Pimlico Road ist eine tolle kleine Galerie, die sich auf dekorative Kunst spezialisiert hat, vor allem auf italienische. Man findet dort zum Beispiel Werke von **Gio Ponti.**

WELCHE SEHENSWÜRDIGKEITEN IN IHRER NÄHE SIND EIN MUSS?

Einer der elegantesten Clubs der Welt: Annabel's

___ Wir gehen gerne im **Battersea Park** spazieren, der nur einen Steinwurf entfernt ist – ein interessanter Kontrast zum massiven Battersea-Kraftwerk. In der Nähe befindet sich auch der **Chelsea Physic Garden** (S. 37), den meine Frau wegen seiner einzigartigen Sammlung und seiner Gerüche gerne mag. Die Gärten wurden 1673 von der Worshipful Society of Apothecaries gegründet, um Pflanzen für die Verwendung als Arzneimittel anzubauen. Ein echtes verstecktes Juwel dieser Stadt und einen Besuch wert.

WAS SOLLTE MAN AUSSERDEM NICHT VERPASSEN? ___

___ Wenn es um Architektur geht, liegt mir die Moderne im Blut. So fühle ich mich zur **South Bank** hingezogen, einschließlich des **National Theatre** (Upper Ground, *nationaltheatre.org.uk*), das nach der jüngsten Renovierung wunderschön ist: voller wunderbarer versteckter Plätze und auch den plattenförmigen Beton mit Holz-Effekt finde ich optisch überzeugend.

WELCHES IST DAS CHARMANTESTE HOTEL DER STADT? ___

___ Nachdem ich in London wohne, habe ich nicht die Notwendigkeit, in Hotels zu übernachten, aber einschlägige Quellen haben mir berichtet, dass **The Connaught** (Carlos Place, *the-connaught.co.uk*) erstklassig ist. Es ist relativ klein, sodass man sich fühlt, als ob man nach Hause kommt, verfügt aber über den exzellentesten Service und Personal, das immer charming ist.

WO KAUFEN SIE GERNE EIN?

___ Als Designer ist es wichtig, zu wissen, was in der Mode vor sich geht, besonders bei den Marken, die die Welt des Luxus prägen. Deswegen kann man mich recht oft beim Stöbern in den High-End-Boutiquen des West End finden. Ich schätze zum Beispiel die Lederwaren von **Hermès** sehr. Meine Frau hat eine besondere Vorliebe für Kelly und Birkin Bags und ich für die Herren-Sneaker, das Modell Miles ist mein Favorit. Für moderne zeitgenössische Möbel ist **B&B Italia** an der Brompton Road (Nr. 250, *bebitalia.com*) ausgezeichnet und verfügt über einen hervorragenden Showroom.

WAS SIND IHRE ABSOLUTEN LIEBLINGSPLÄTZE DER STADT?

Die **Royal Arcade** (S. 42) verbindet in Mayfair die Old Bond Street mit der Albemarle Street. Sie wurde 1879 erbaut und ist eine der ältesten Einkaufspassagen der Stadt. Hier finden Sie einige interessante kleine Läden, darunter **George Cleverley,** die schöne handgefertigte Schuhe herstellen.

GIBT ES EIN KINO ODER EIN THEATER, DAS SIE EMPFEHLEN KÖNNEN?

Das **Curzon** (S. 42) an der Ecke Curzon Street und Herford Street wurde 1934 entworfen. Ein ausgezeichnetes Beispiel für die britische Moderne, es besitzt eine wunderschöne Betongewölbe-Decke. Das Kino hat sich vor allem auf Independent-Filme spezialisiert. Und das **London Coliseum** in der St Martin's Lane (*londoncoliseum.org*), Westminster, das einst als eines der größten und luxuriösesten Theater Londons gebaut wurde (es ist nicht gerade groß nach heutigen Standards). Ich war kürzlich dort, um Sergej Polunin, den ukrainischen Balletttänzer, zu sehen. Er ist wirklich inspirierend, weil er traditionelles Ballett und zeitgenössischen Tanz miteinander verbindet.

WAS SOLLTE MAN IMMER KAUFEN, WENN MAN IN LONDON IST?

Wenn Sie sich für die Welt der hocheleganten Kleidung interessieren, dann ist die **Savile Row** ein absolutes Muss. Meine Schneider **Henry Poole** (S. 42) haben dort ihr Geschäft. Sie kreieren großartige Anzüge. Wer auf der Suche nach einem maßgeschneiderten Hemd ist ... Sean O'Flynn in der Sackville Street (Nr. 6, *www.seanoflynnshirtmaker.co.uk*) ist mein bevorzugter Hemdenmacher. Sean stellt auch Hemden für Brian Ferry her, den ich seit vielen Jahren bewundere.

WO IN LONDON ENTSPANNEN SIE AM LIEBSTEN?

Ich finde London sehr entspannend, besonders an den Wochenenden, egal, wo man ist. Ob man einfach nur herumläuft, Galerien besucht oder in den Restaurants der Gegend isst. Für mich bedeutet Entspannung außerdem, mich fit zu halten, was mir hilft, mich zu konzentrieren. An den meisten Tagen trainiere ich mit einer Kombination aus Boxen, Cycling und Krafttraining.

WIE WÜRDEN SIE DIE ATMOSPHÄRE DER STADT BESCHREIBEN?

Für mich ist London die größte Stadt der Welt. Sie steht nach wie vor an der Spitze von Kunst, Kultur und Musik. Ich kam zum ersten Mal nach London, als ich am Royal College of Art studierte, was schon ziemlich lang her ist. Aber immer wieder entdecke ich versteckte geheime Plätze in der Stadt, die mir neue Energie geben. Denken Sie an den berühmten Spruch von Samuel Johnson: Wenn du London satthast, hast du das Leben satt.

Very british: ein Range Rover vor Gerry McGoverns Lieblingsschneider Henry Poole

1—Hamleys
2—Old Compton Street
3—Bar Termini
4—Thursday Club
5—Ronnie Scott's
6—St John Bakery in Neal's Yard
7—The Petersham

Hier verkauft Eliza Doolittle in »My Fair Lady« an einem der Stände Blumen und trifft dabei Professor Higgins – allerdings war der Covent Garden Market zu dieser Zeit noch ein echter Lebensmittelmarkt

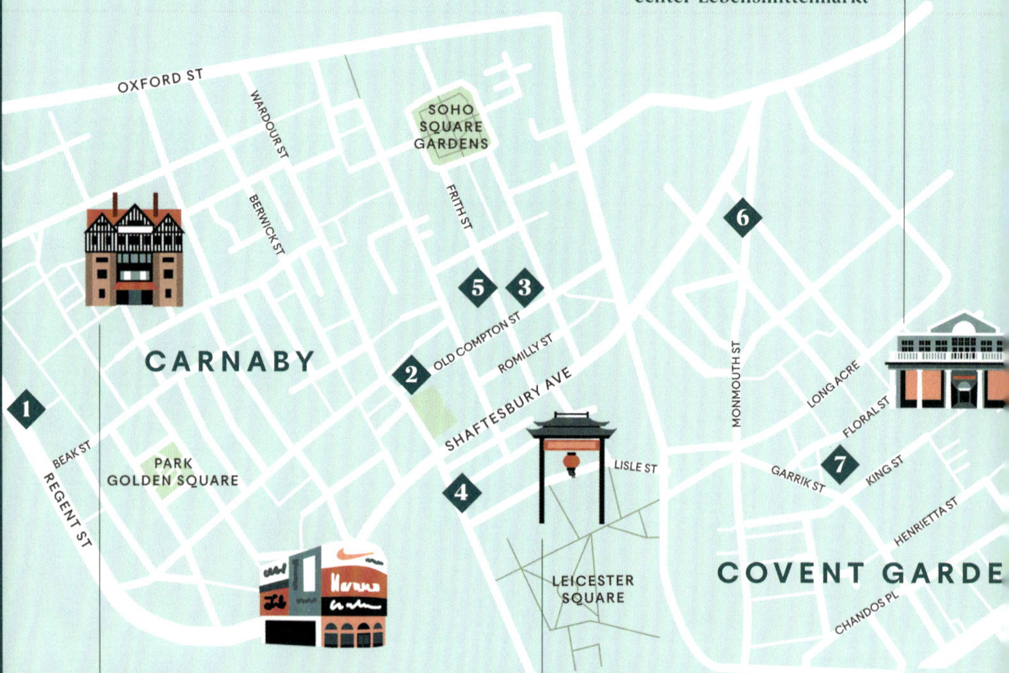

Shopping-Himmel mit herrlich altmodischem Flair: Das Kaufhaus Liberty steht für ikonische Prints und exquisite Home-Accessoires

Rund um die Gerrard Street, in Chinatown, sind die Straßenschilder größtenteils auf Englisch und Chinesisch beschrieben

Während der Zeit des »British Empire« wurde der Piccadilly Circus auch gerne mal als Mittelpunkt der Welt bezeichnet

TOUR

5

SOHO & COVENT GARDEN

Laut, rummelig, entertaining. Soho ist immer noch DAS Vergnügungsviertel. Früher halbseiden und verrufen – Filmemacher Michael Winterbottom verewigte die Glanzzeit in »The Look of Love«, in dem Steve Coogan den Porno-König der 1960er-Jahre, Paul Raymond, spielte. Noch während der Thatcher-Jahre stiegen in Soho die wildesten Partys. Heute ist die Gegend zwischen Oxford Street, Piccadilly Circus und Leicester Square Heimat der Musik-, Theater- und Musicalszene. In Covent Garden, dem ehemaligen Klostergarten der Mönche der Westminster Abbey, befand sich bis 1974 der Gemüse- und Blumenmarkt: Schauplatz von George Bernhard Shaws Stück »Pygmalion« und des daraus adaptierten Musicals »My Fair Lady«. Wer gut essen oder shoppen will, ist in den kleinen Straßen rund um die Markthallen richtig.

SPAZIERGANG: SHOPPEN BEI LIBERTY, AKUPUNKTUR IN CHINATOWN, PAUSE IM NEAL'S YARD

Start ist am Piccadilly Circus. Von hier die Regent Street in Richtung Norden nehmen. Sind Sie mit Ihren Kindern unterwegs? Dann bitte unbedingt einen Shoppingstopp bei **Hamleys** (188–196 Regent Street) einplanen, einem Spielwarenparadies auf sieben Etagen. Danach sind die Erwachsenen mit Einkaufen dran – und zwar bei **Liberty** (Great Marlbourough Street), dem Kaufhaus mit der berühmten (falschen) Tudorfassade. Wer Design und Traditionen liebt, kann hier Stunden herumstöbern, vor allem in der Home-Accessoires-Abteilung. Via Carnaby Street, Foulbert's Place, Broadway und Berwick Street auf die **Old Compton Street,** die als Hauptstraße von Soho gilt. Kurze Kaffeepause in Toni Conigliaros intimer **Bar Termini** (Nr. 7). Ein paar Häuser weiter liegt ein Gebäude, das einst ordentlich für Gerüchte und Tratsch sorgte. Denn in **Nummer 29–31** traf sich in den 50er-Jahren der berühmt-berüchtigte **Thursday Club.** Prinz Philip lud Freunde wie Arthur Koestler, Cecil Beaton und Louis Mountbatten ein, um sich fernab vom steifen Palast so richtig zu vergnügen. Links und rechts der Old Compton Street, in den kleinen Straßen, erlebt man die Vielfältigkeit des Viertels. Zum Beispiel auf der Frith Street. Im Haus Nummer 20 wohnte Mozart als Achtjähriger, gegenüber liegt **Ronnie Scott's** (Nr. 47), Londons berühmtester Jazzclub, in dem Jimy Hendrix zum letzten Mal auftrat. Die wichtigsten Theater des Viertels befinden sich auf der Shaftesbury Avenue, der Grenze zu Chinatown. Abstecher nach Chinatown gefällig? Dann ab auf die Gerrard Street mit ihren chinesischen Restaurants, Akupunktur- und Massagesalons und Supermärkten. Via Shaftesbury Avenue und Short Gardens gelangt man zum **Neal's Yard,** einem hübschen, versteckt liegenden Hof mit Cafés und Boutiquen. Highlights: Neal's Yard Remedies (15 Neal's Yard) mit tollen organischen Beautyprodukten. Und natürlich die **St John Bakery** (3 Neal's Yard). Bevor man in Richtung Süden zu den Markthallen von Covent Garden abbiegt, sollte man die Neal Street einmal auf- und abbummeln. Zum Abschluss zum Afternoon Tea oder early Dinner im bezaubernden **The Petersham** (2 Floral Court) einkehren.

Linke Spalte: Skulptur von Fernando Botero in der Lobby des The Soho Hotel (oben). Tolle Auswahl: Shop at Bluebird in Covent Garden (Mitte). Fabelhaft: Shakshuka im Nopi (unten)

Rechte Spalte: Köstlich-exotischer Cocktail in der Bar The Parrot, Mitbesitzer: Hollywoodstar Idris Elba (oben). Perfekt für eine Shoppingpause: The Petersham (unten)

ESSEN UND TRINKEN

FRÜHSTÜCK

26 Grains
1 Neal's Yard
26grains.com
Porridge wird in diesem skandinavisch gestylten Café und Health-Food-Hotspot in Neal's Yard neu erfunden. Es gibt den berühmten Brei nicht nur auf Haferbasis, sondern auch aus Quinoa, Buchweizen oder Gerste. Und natürlich mit allen Arten von Milch – von Kokos bis Mandel. Besonders lecker: Nordic Blueberry mit Blaubeerkompott.

Toll für Porridge-Fans: 26 Grains

Nordic Bakery
14a Golden Square
nordicbakery.com
Hübsches Café im Skandi Style. Die Zimtschnecken, die hier gebacken werden, sind stadtbekannt. Weitere Spezialität: der finnische Karelian Pie, eine Art Roggenkuchen, der mit Reis- oder Kartoffelbrei gefüllt ist und mit Eierbutter bestrichen wird.

LUNCH

Flat Iron
17 Beak Street
flatironsteak.co.uk
Sehr zu empfehlen für Fleisch-Fans: hohe Qualität zu fairen Preisen, dazu netter Service. Der Stil des Lokals: Industrial Chic. Achtung: Es kann passieren, dass man für einen Tisch auch mal 20 Minuten anstehen muss, aber es lohnt sich.

Nopi
21–22 Warwick Street
ottolenghi.co.uk/nopi
Bei Yotam Ottolenghi speist man vorzüglich: Alles, was auf den Teller kommt, ist frisch, die Kreationen sind ein gelungener Mix aus Einflüssen aus dem Nahen Osten, Italien und Asien. Im Erdgeschoss geht es familiär zu, im ersten Stock förmlicher. Außerdem kommt im Nopi das beste Shakshuka der Stadt auf den Tisch!

Bocca di Lupo
12 Archer Street
boccadilupo.com
Die Plätze in Jacob Kennedys und Victor Hugos charmantem Restaurant sind seit Jahren heiß begehrt, besonders die Stühle an der marmornen Bar. Erstklassiger, sehr persönlicher Service, auf der Karte stehen saisonale Gerichte aus fast allen Regionen Italiens. Zum Nachtisch auf jeden Fall Eis bei Gelupo gleich gegenüber holen.

DINNER

Cora Pearl
30 Henrietta Street
corapearl.co.uk
In-Place, benannt nach der berühmten Kurtisane Cora Pearl. Das Design: sinnlicher Boudoir. Chefkoch George Barson mischt gekonnt das Beste der britischen und französischen Küche. Unbedingt den Hauscocktail Chaine d'Or aus Gin, Quinquina, Chartreuse und Lime bestellen.

The Ivy Market Grill
1a Henrietta Street
theivymarketgrill.com
Old-School-Klassiker und beliebter Promi-Hotspot in opulentem Dekor mit mosaikgekachelten Böden und antiken Leuchtern. Hinter dem geschmackvollen

Gelungener Mix aus lässig und dekadent: Lokal Cora Pearl

Interiorkonzept steckt der Schwede Martin Brudnizki, der auch die Clublegende Annabel's neu gestaltete. Dauerbrenner der Küche: die Fish & Chips und die Crab Linguine.

Kiln
58 Brewer Street
kilnsoho.com
Lässiges, mehrfach ausgezeichnetes Restaurant mit offener Küche, die besten Plätze sind an der Theke, um den Köchen beim Grillen und Brutzeln zuzuschauen. Auf der Karte: eine kleine feine Auswahl an nordthailändischen und burmesischen Gerichten. Plus: Die Preise sind echt fair.

DRINKS UND AUSGEHEN

Blind Pig
58 Poland Street
socialeatinghouse.com
Jason Athertons Bars sind erstklassig – einige sogar fast besser als die Restaurants, zu denen sie gehören, wie hier: Das Social Eating House ist toll, die Bar Blind Pig noch toller. Vintage-Appeal mit niedrigen Decken und dämmrigen Lampen, dazu eine ausgezeichnete Cocktailkarte, die von Kinderbüchern inspiriert ist. Beispiel: der Best Bottle Butter Bitter, frei nach Harry Potter.

The Parrot
The Waldorf
45 Aldwych
theparrotldn.co.uk
Hollywood-Star Idris Elba hat mit den beiden Brüdern Lee und Nicky Caulfield eine super poshe Cocktailbar im Hotel Waldorf Hilton eröffnet: Dschungelfeeling mit handgemalter Palmentapete an den Wänden und köstlichen tropischen Cocktails (Favorit: der Crimson Rosella), die Chefbartender Daniele Panzanaro kreiert hat. Weiteres Highlight: die allabendliche Live-Musik.

Speisesaal deluxe:
The Ivy Market Grill in
Covent Garden, ein
echter Lokal-Klassiker

Bad in Zartrosa, Zimmer in Retro-Blau im hübschen Henrietta Hotel

EINKAUFEN

Alex Eagle Studio
6–10 Lexington Street
alexeagle.co.uk
Cool kuratierter Konzeptstore, den die gleichnamige Designerin und Kreativdirektorin managt. Im Ambiente einer Galerie verkauft Eagle eine schicke Auswahl an Mode, sowie exklusive Möbel, Designobjekte und Beautyprodukte.

Andrew Edmunds
44 Lexington Street
andrewedmundsprints.com
Eine Schatzkammer: Der renommierte Antiquitätenhändler hat sein Geschäft 1975 in einem Stadthaus aus dem 18. Jahrhundert eröffnet. Er ist spezialisiert auf englische und französische Drucke und Zeichnungen des 18. bis 19. Jahrhunderts, Satire und Karikatur. Darunter Werke von James Gillray, William Hogarth und Daumier.

The Shop at Bluebird
Carriage Hall
29 Floral Street
theshopatbluebird.com
Eine wahre Fundgrube: Mit über 100 Luxus- und Designermodemarken wie Victoria Beckham, Marni, Acne Studios und Alexander McQueen ist der Store, der früher eine Institution auf der King's Road war, perfekt für alle, die Fashion und Trends lieben.

KUNST UND KULTUR

National Portrait Gallery
St Martin's Place
npg.org.uk

Gegründet im frühen 19. Jahrhundert, kann man hier über 2000 Gemälde von europäischen Künstlern bestaunen – von Caravaggio über Monet bis van Gogh und Vermeer.

St Martin-in-the-Fields
Trafalgar Square
stmartin-in-the-fields.org
Die Kirche gehört zu den wichtigsten Sakralbauten weltweit. Spektakulär ist vor allem das Ostfenster des Gebäudes – wie der Altar ein Kunstwerk von Shirazeh Houshiary. Das Muster in den Stahlverstrebungen wirkt wie eine Öffnung, die ständig in Bewegung ist, eine Art Zugang in eine andere Dimension.

SCHLAFEN

Henrietta Hotel
14–15 Henrietta Street
henriettahotel.com
Boutiquehotel in zwei denkmalgeschützten Häusern um die Ecke von Covent Garden mit nur 18 Zimmern, die von Dorothée Meilichzon im Retro-Style designt wurden. Besitzer: die coole französische The Experimental Group, die unter anderem die Experimental Cocktail Clubs in Paris und New York und das Hôtel des Grands Boulevards in Paris betreibt. Die Farbgebung im Haus erinnert manchmal an einen Wes-Anderson-Film, die Badezimmer mit Beautyprodukten von REN sind wunderbar altmodisch. Auch das hauseigene Restaurant, in dem Wunderkind Ollie Dabbous saisonale Gerichte mit französischem Touch kocht, ist angesagt. DZ ab ca. 230 £.

Schöner shoppen: Alex Eagle Studio

The Soho Hotel
4 Richmond Mews
firmdalehotels.com
Das ehemalige Parkhaus ist heute eines der hipsten Hotels der Stadt. Kit Kemp, die gemeinsam mit ihrem Mann Tim die exklusive Firmdale-Hotelgruppe betreibt, hat das Interieur farbenfroh im Mustermix gestaltet, im ganzen Haus stehen bunte Sofas, elegante Tischchen und Kamine. Die 96 Zimmer und Suiten sind für Londoner Verhältnisse äußerst großzügig – am besten einen der Deluxe Rooms im 5. Stock buchen. Weitere Besonderheiten des Soho Hotels: der außergewöhnliche Film-Club, der immer samstags und sonntags im hauseigenen Kino stattfindet. DZ ab ca. 300 £.

EXTRATIPP

Der Künstler Rick Buckley hat die berühmten »Sieben Nasen von Soho« entworfen und übers Viertel verteilt. Wo man sie findet? Unter anderem in der Dean Street.

INSIDER-TIPP DER CREW

ICH LIEBE SÜSSES. DESWEGEN GEHE ICH JEDES MAL, WENN ICH IN LONDON BIN, BEI DER PATISSERIE MAITRE CHOUX VORBEI, ENTWEDER IN SOUTH KENSINGTON ODER IN SOHO. DIE ECLAIRS SIND EIN TRAUM!

Christopher Danner
Purser

YOTAM OTTOLENGHI

Er ist der zurzeit beliebteste Koch der Welt! Foodies sind süchtig nach den Rezepten von Yotam Ottolenghi. Denn er schafft es wie kein anderer, die ungewöhnlichsten Zutaten und Aromen zu kombinieren. Jedes der Kochbücher des israelisch-britischen Autors (z. B. **Jerusalem** oder **Simple**) sind Bestseller. Auf seine Kolumnen in der Zeitung *The Guardian* warten jede Woche unzählige treue Fans sehnsüchtig. Hier in London betreibt er mit seiner Crew vier Delis, vor denen die Leute gerne schon morgens Schlange stehen. Alleine die kunstvoll aufgetürmten Auslagen sind die Reise wert. Außerdem hat Ottolenghi mittlerweile auch zwei Restaurants. Das **Nopi** in Soho (S. 70) und das **Rovi** (S. 84) in Bloomsbury (*ottolenghi.co.uk*). Jetzt verrät er, wo er sich morgens seinen Kaffee holt und abends zum Dinner geht, nach welchem Tee er beinahe süchtig ist und in welchem Freibad er gerne schwimmt.

WAS IST IHRE LIEBLINGS-GEGEND? ___

___ Ich mag Londons East End immer mehr. Manchmal sind mir die Leute dort etwas zu cool, alle tragen Bärte und Tattoos. Aber es gibt dort eine erstaunlich hohe Anzahl von tollen Restaurants und ausgezeichneten Wein-Bars. Obgleich ich Orte meistens danach beurteile, was ich dort zu essen bekomme, hat das East End noch weitere Vorzüge: den **London Fields Park** mit einem Freibad, dem Lido (*hackney.gov.uk/london-fields-lido*), den **Columbia Flower Market** (S. 116) und den **Broadway Market** (*broadwaymarket.co.uk*), auf dem es Bücher, Wein und einige köstliche Essensstände gibt.

WO FRÜHSTÜCKEN SIE AM LIEBSTEN IN IHRER NÄHE? ___

___ Für einen schnellen Kaffee am Morgen gehe ich am liebsten ins **Coffee Jar** (83 Parkway) in Camden, es liegt nur wenige Meter von unserer Haustür entfernt. Es ist nicht besonders trendy oder chic, aber wenn man einen guten Kaffee und dazu etwas Süßes möchte, ist man hier genau richtig. Ein echter Nachbarschaftstreff.

UND WOHIN GEHEN SIE GERNE ZUM DINNER? ___

___ Einer meiner Top-Favoriten ist derzeit das **Sabor** (35–37 Heddon Street, *saborrestaurants.co.uk*) in Piccadilly, wo einige der besten spanischen Gerichte in London serviert werden. Die supertalentierte Nieves Barragán Mohacho hat gleich zwei fabelhafte Speisekarten kreiert: Unten sitzt man auf Barhockern am Tresen und isst köstliche Meeresfrüchte – hier kann man nicht reservieren, Walk-in only. Im oberen Stockwerk kommen vor allem exzellente Fleischgerichte auf den Teller, wobei ich sagen muss, dass es dort auch den vielleicht besten Oktopus gibt, den ich je gegessen habe. Sie werden sich schnell in Nieves' Talent und ihre Aromen verlieben. Außerdem gehe ich gerne ins **Brat** (4 Redchurch Street, *bratrestaurant.com*) in Shoreditch. Hier wird über dem offenen Feuer gegrillt. Die Zutaten sind sehr schmackhaft und natürliche Aromen dominieren.

In der Bar 69 Colebrooke Row bekommt man faszinierende Drinks

WAS IST DER BESTE ORT FÜR EINEN LATE-NIGHT-DRINK? ___

___ **69 Colebrooke Row** (S. 95), eine versteckte Bar in Islington, die einige der besten Cocktails in London serviert. Sie ist im 50er-Jahre-Style eingerichtet, die Outfits der Kellner passen perfekt zum Setting. Dort bekommt man faszinierende Drinks mit obskuren Zutaten, die ich googeln musste. Aber keine Sorge: Das Personal kennt sich bestens aus, wenn Sie Fragen haben. Für mich ist die Bar beides: ein guter Start in eine Nacht oder ein fabelhaftes Ende.

WELCHES IST IHR LIEBLINGS-MUSEUM? ___

___ Ich gehe wirklich sehr gerne mit meinen Kindern ins **Natural History Museum** (*nhm.ac.uk*). Es gibt dort so viel zu sehen, alles ist so wunderbar durchdacht und kinderfreundlich. Perfekt, um jüngeres Publikum in ein Museum zu locken und es für Dinosaurier-Skelette und Felsbrocken zu begeistern.

WELCHE SEHENSWÜRDIGKEITEN IN IHREM VIERTEL MÖGEN SIE BESONDERS? ___

___ Ich wohne gleich beim Regent's Park, und es ist wunderbar, dort früh am Morgen zu joggen. Herrlich ruhig für einen so zentralen Londoner Park. Die **British Library** (96 Euston Road, *bl.uk*) ist auch nicht allzu weit weg. Und wenn Sie dieses großartige Gebäude und die atemberaubende Sammlung noch nicht kennen, nehmen Sie sich ein paar Stunden und lesen dort in Ruhe.

◆

»Sie werden sich schnell in Nieves' Talent und ihre Aromen verlieben«

◆

HABEN SIE EINEN AUSFLUGS-TIPP?

Kew Gardens (*kew.org*), die Königlichen Botanischen Gärten im Südwesten Londons. Ich komme nicht oft hierher, aber wenn, merke ich immer wieder, wie schön sie eigentlich sind. Es gibt dort so viel zu sehen und so viele Plätze im Grünen zum Sitzen und Entspannen. Die Menschen, die am überfüllten Eingang in den langen Warteschlangen stehen, verlaufen sich an einem sonnigen Tag schnell auf dem riesigen Gelände. Das **Princess of Wales Conservatory** mit seinen exotischen Pflanzen und seiner riesigen Ausstellung von Kakteen ist mein Lieblingsort dort.

IN WELCHEN GESCHÄFTEN SHOPPEN SIE GERNE?

Ich kaufe seit Jahren Geschirr und Glaswaren bei **Ceramica Blue** in Notting Hill (S. 25). Lindy, die Besitzerin, hat immer irgendwas in ihren Auslagen oder im Schaufenster, was ich sofort haben muss. Der Shop ist bunt, stilvoll und hat mich noch nie enttäuscht.

WO FINDET MAN SONST NOCH GANZ BESONDERE SCHÄTZE?

Die Camden Passage (S. 92) liegt etwas versteckt in Islington. Dort sind großartige kleine Stände aufgebaut, die von antikem Silberbesteck und Gemälden bis hin zu alten Knöpfen und Glaswaren alles Mögliche vertreiben. In der schmalen Passage gibt es auch ein sehr schönes österreichisches Café mit klassischen Gerichten. Besonders beliebt sind hier Käsespätzle und Spinatknödel.

GIBT ES EIN KINO, DAS SIE UNS EMPFEHLEN KÖNNEN?

Ritzy (*picturehouses.com/cinema/Ritzy_Picturehouse*) in Brixton. Es befindet sich in einem denkmalgeschützten Gebäude, das in den 40er-Jahren bombardiert und in den 50er-Jahren wiederaufgebaut wurde. Das Beste daran ist für mich die Nähe zum Brixton Market (*brixtonmarket.net*). Dort gibt es ein winziges Okonomiyaki-Restaurant, das diese extrem leckeren japanischen Pfannkuchen und ein kaltes japanisches Bier serviert. Viel besser als Popcorn.

WAS SOLLTE MAN SICH AUS LONDON MITBRINGEN LASSEN?

Den **Fortmason Tea** von Fortnum & Mason (S. 56), unbedingt. Ich habe einmal einen Geschenkkorb mit diesem Tee bekommen und bin seitdem süchtig nach ihm. Er hat eine subtile Note, ein einzigartiges, blumiges Aroma und kommt natürlich in einer ikonischen »Fortnum & Mason«-Dose.

WIE ENTSPANNEN SIE SICH AM BESTEN?

Ich gehe zweimal die Woche zu meinem Pilates-Kurs. Ich versuche wirklich, mir die Zeit zum Üben zu nehmen, egal wie verrückt mein Zeitplan wird. Es löst normalerweise die meisten Schmerzen und Verspannungen, aber was noch wichtiger ist, es gibt mir für eine Stunde absoluten Seelenfrieden.

Lokal-Tipp von Yotam Ottolenghi: das Sabor

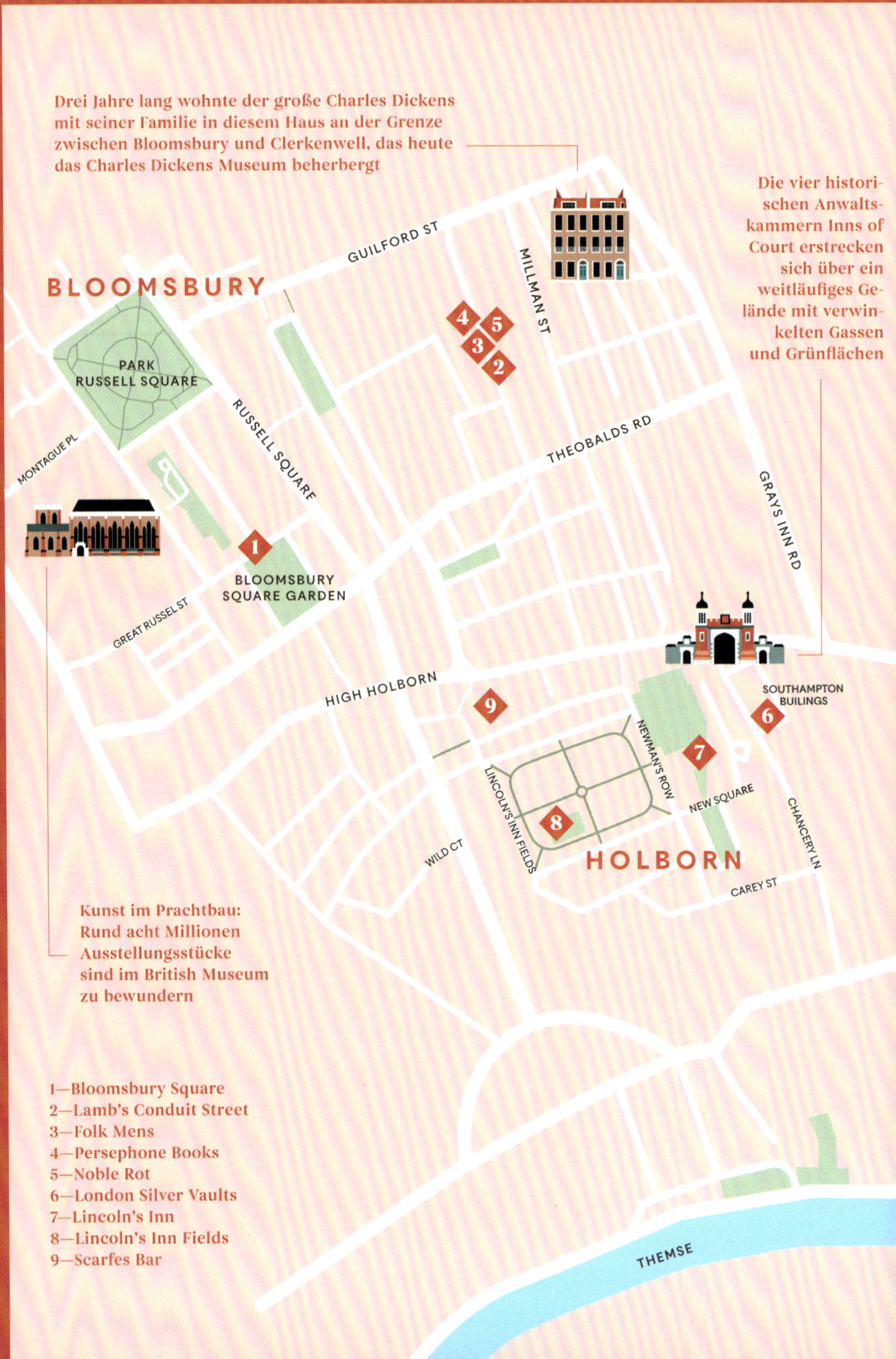
Drei Jahre lang wohnte der große Charles Dickens mit seiner Familie in diesem Haus an der Grenze zwischen Bloomsbury und Clerkenwell, das heute das Charles Dickens Museum beherbergt
Die vier historischen Anwaltskammern Inns of Court erstrecken sich über ein weitläufiges Gelände mit verwinkelten Gassen und Grünflächen
BLOOMSBURY
GUILFORD ST
MILLMAN ST
PARK RUSSELL SQUARE
RUSSELL SQUARE
MONTAGUE PL
THEOBALDS RD
GRAYS INN RD
BLOOMSBURY SQUARE GARDEN
GREAT RUSSEL ST
HIGH HOLBORN
SOUTHAMPTON BUILINGS
NEWMAN'S ROW
LINCOLN'S INN FIELDS
NEW SQUARE
CHANCERY LN
WILD CT
HOLBORN
CAREY ST
Kunst im Prachtbau: Rund acht Millionen Ausstellungsstücke sind im British Museum zu bewundern
THEMSE
1—Bloomsbury Square
2—Lamb's Conduit Street
3—Folk Mens
4—Persephone Books
5—Noble Rot
6—London Silver Vaults
7—Lincoln's Inn
8—Lincoln's Inn Fields
9—Scarfes Bar

TOUR

6

HOLBORN, FITZROVIA & BLOOMSBURY

Bloomsbury mit seinen charmanten Squares, der georgianischen Architektur und dem **British Museum** gilt als Zentrum der **Dichter und Denker.** Diesen Ruf verdankt es auch den Künstlern, die hier lebten und arbeiteten, wie **Oscar Wilde,** Charles Dickens und der **Bloomsbury Group** um Virginia Woolf, die am Gordon Square Nummer 46 einen literarischen Salon betrieb. Überall weisen blaue Tafeln an den Fassaden auf die Adressen hin, an denen die Literaten wirkten. Noch heute ist der größte Teil des Viertels im Besitz von einer Person, dem **Earl of Bedford.** In Holborn hingegen haben traditionell die Juristen und Journalisten das Sagen. Hier liegen die vier **Inns of Court,** früher Wohn- und Studienort von angehenden Anwälten, heute muss man Mitglied eines Inns sein, um sie betreten zu dürfen.

SPAZIERGANG: VOM BRITISH MUSEUM ZU DEN LONDON SILVER VAULTS UND DEN EHRWÜRDIGEN INNS OF COURT IN HOLBORN

Startpunkt ist die Tube-Station Holborn. Von hier aus geht man in Richtung Norden zum **Bloomsbury Square.** Elegante Stadthäuser umrahmen den Platz, den historischen Kern des Viertels, mit seinen mächtigen Platanen. Gleich um die Ecke thront das **British Museum,** 1753 gegründet, Großbritanniens größtes Museum und eines der weltweit wichtigsten Archäologie- und Völkerkundemuseen. Highlights: die Parthenon-Skulpturen, der Stein von Rosetta und die **Mumie von Katebet.** Tipp: Online die Spezial-Morning-Tour mit nur 20 Teilnehmern buchen (dauert etwa 60 Minuten). Auf der östlichen Seite des Museums befindet sich der prächtige Russell Square. Weiter in Richtung Osten über die Guildford Street, bis man die **Lamb's Conduit Street** kreuzt. Die Straße wird gesäumt von hübschen individuellen Geschäften und kleinen Restaurants. Unsere Lieblinge: Folk (Nr. 49, coole Mode für Damen und Herren), das Beautyparadies Aesop (Nr. 50), Grenson (Nr. 40, Lederschuhe) und der sehr besondere Buchladen **Persephone Books** (Nr. 59). Danach Pause im gemütlichen Restaurant **Noble Rot** (Nr. 51), das für seine einmalige Weinkarte ziemlich beliebt ist. Danach die Theobalds Road in Richtung Osten nehmen, bis man zur Grays Inn Road gelangt, vorbei am Grays Inn, dem Sitz der Anwaltskammer. Weiter über die Chancery Lane zu den legendären **London Silver Vaults** (Nr. 53–64), dem unterirdischen Silberkeller: In den Tresorräumen von 1885 bieten etwa 50 Händler von Besteck und Kerzenständern über Uhren und Schmuck ihre Kostbarkeiten an. Über das pittoreske New Square mit seinen eleganten Häusern aus dem 18. und 19. Jahrhundert kommt man in Richtung Nordwesten zum **Lincoln's Inn,** der ältesten der vier Anwaltskammern von London, das sich über einen gigantischen Gebäudekomplex erstreckt – zum Teil stammt es noch aus dem 15. Jahrhundert. Tipp: Einen Bummel durch die parkähnlichen **Lincoln's Inn Fields** unternehmen. Nicht gruseln: Zur Zeit der Tudors und Stuarts wurden hier Menschen öffentlich hingerichtet. Schnell weiter auf einen Drink! Mischen Sie sich in der **Scarfes Bar** (252 High Holborn) im eleganten Hotel **Rosewood London** (S. 87) unters hippe Volk und trinken Sie einen exquisiten Axtronus.

Im Uhrzeigersinn: Zimmer im Rosewood London. Tolle Adresse für Modeschmuck: Maggie Owen. Ausgeh-Tipp: The Bloomsbury Club. Sehr schmackhaft: geräucherte Karotten im Rovi. Schräg-stylishes Hotel-Restaurant für lustige Abende: Neptune

ESSEN UND TRINKEN

FRÜHSTÜCK

The Attendant
27a Foley Street
the-attendant.com
Früher eine viktorianische Toilette, um 1890 gebaut, heute eine einzigartige Espressobar, an der sich die Locals treffen. Sehr zu empfehlen: das Bacon Roll und die House Waffle mit Zitronen-Mascarpone-Creme und pürierten Erdbeeren.

LUNCH

Rovi
59 Wells Street
ottolenghi.co.uk/rovi
Die siebente London-Location des israelisch-britischen Gastrogotts Yotam Ottolenghi. Der Fokus liegt hier auf frischem Gemüse und Gerichten mit fermentierten Zutaten, vieles wird über dem offenen Feuer zubereitet. Dazu wird eine großartige Auswahl an Bio-Weinen angeboten.

The Ninth Restaurant

The Ninth Restaurant
22 Charlotte Street
theninthlondon.com
Sharing is caring ... Die Idee hinter der Speisekarte mit französisch-mediterranen Einflüssen ist, dass man sich alle Teller teilt. Das Lokal in Fitzrovia ist modern und trotzdem behaglich mit dunklen Möbeln und Dämmerlicht eingerichtet, Koch Jun Tanaka wird nicht nur für seine Fischgerichte hoch gelobt.

DINNER

Berners Tavern
10 Berners Street
bernerstavern.com
Wow-Location in Ian Schragers schickem Hotel The London Edition in Fitzrovia, Küchenchef ist Society-Darling Jason Atherton. Der beeindruckende Speisesaal von 1835 mit prächtiger Stuckdecke wurde früher als Ballsaal genutzt. Alles, was die unglaublich zuvorkommenden Kellner servieren, schmeckt ausgezeichnet. Und zu sehen gibt es auch immer etwas.

Restaurant Neptune
Ecke Guildford Street/ Russell Square
neptune.london
Angesagtes Seafood-Restaurant mit lustiger Stimmung, hinter dem die coole Texanerin Margaret Crow, eine ehemalige Stylistin der russischen Vogue, und ihr charmanter Partner Brett Redman stecken. Im Zentrum des Lokals mit seinen hellrosa Möbeln steht eine gigantische Austernbar. Tipp: Von 18–19 Uhr ist Happy Hour, da kosten die Austern nur die Hälfte.

DRINKS UND AUSGEHEN

The Bloomsbury Club
16–22 Great Russell Street
thebloomsburyclub.com
Auf der Getränke-Karte stehen vergessene Cocktail-Klassiker und innovative neue Kreationen, die von Künstlern wie Virginia Woolf, die einst in Bloomsbury lebten, inspiriert wurden. Besonders lecker: der Dora Carrington mit Tanqueray Gin, Granatapfel und Curaçao. Unbedingt das Livemusik-Programm checken – hier gibt es regelmäßig sehr hörenswerte Jazz-Acts!

Cool Britannia: das opulente Restaurant Berners Tavern ist ein absoluter Place to be

Wie in alten Zeiten …
Sir John Soane's Museum

EINKAUFEN

Pentreath & Hall
17 Rugby Street
pentreath-hall.com
Achtung: Diesen Laden werden Sie nicht verlassen, ohne etwas gekauft zu haben. Zwischen antiken Möbeln und liebevoll kuratierten Wohn-Accessoires für jedes Budget hängen botanische Zeichnungen. Im Regal stehen Penguin-Klassikerausgaben neben ganz besonderen Duftkerzen und Küchenhelfern.

Maggie Owen
13 Rugby Street
maggieowenlondon.com
Eine wahre Fundgrube für Modeschmuck: Der zauberhafte Laden war einst Londons erster Milchladen. Heute verkauft Maggie Owen hier einzigartige Hingucker-Accessoires, die jedes Outfit sofort pimpen. Im Angebot: Designer wie Philippe Ferrandis, Alex Monroe und Samuel Coraux.

KUNST UND KULTUR

Charles Dickens Museum
48 Doughty Street
dickensmuseum.com
Mini-Zeitreise ins viktorianische London. Im Jahr 1837 zog der Autor mit Frau und Sohn ein, drei Jahre lang lebten sie in dem Haus. Und hier verfasste der große Schriftsteller auch Werke wie Oliver Twist und Nicholas Nickleby. Zu

sehen sind unter anderem Schreibtisch und Stuhl, dazu alte Briefe und Manuskripte des Autors.

Sir John Soane's Museum
13 Lincoln's Inn Fields
soane.org
Im Privathaus des exzentrischen Architekten der Bank of England hat sich seit dem Tod des Hausherrn im Jahr 1837 kaum etwas verändert. Schon zu Lebzeiten durften Besucher seine Kunst- und Kuriositätensammlung bewundern, unter anderem den Sarkophag des ägyptischen Pharaos Sethos I. Verboten war der Zutritt allerdings bei Regen oder schlechtem Wetter.

RELAX

Pfeffer Sal
The Stables/Warren Mews
pfeffersal.com
Eine der Lieblingsadressen der gestressten Londoner Großstadtladys: Andrea Pfeffer ist vor allem für ihre hochmodernen supereffizienten Skintreatments bekannt. Macht (mindestens) zehn Jahre jünger: das Programm »Gentle does it« mit Gesichtsmassage, probiotischer Maske und Kollagen-Booster, das alles auch noch kombiniert mit Klangwellen.

SCHLAFEN

L'oscar
2–6 Southampton Row
loscar.com
Minimalismus? Fehlanzeige! Star-Designer Jacques Garcia hat dieses nach Oscar Wilde benannte Hotel in einer ehemaligen Kirche prachtvoll gestaltet: mit dunklem Holz, Seide, Pfauenfedern, Samt und extravaganten Lüstern. Die 39 Gästezimmer und Suiten verfügen über Kamine und kupferne Badewannen. Auch das Restaurant Baptist Bar & Grill ist hot! DZ ab ca. 390 £.

Rosewood London
252 High Holborn
rosewoodhotels.com/en/london
Majestätisches Grandhotel in einem edwardianischen Gebäude. Die 262 Zimmer und 44 Suiten sind chic und behaglich eingerichtet, in den Bädern stehen Beautyprodukte von Czech & Speake, in der Minibar kann man hausgemachten Gin probieren. Nicht verpassen: den Art Afternoon Tea im Mirror Room. DZ ab ca. 390 £.

EXTRATIPP

Ian McEwans Bestseller *Saturday* um einen (dramatischen) Tag im Leben des Neurochirurgen Henry Perowne spielt größtenteils am Fitzroy Square in Fitzrovia. Hier lebte der berühmte Autor selber mehrere Jahre, und zwar in Nummer 11.

Prächtig dekadent: das von Jacques Garcia designte Boutique-Hotel L'oscar

MARTYN JACQUES

Er bezeichnet sich selbst gerne scherzhaft als »King of Pain«. Singer-Songwriter Martyn Jacques, Kopf von **The Tiger Lillies**, dem herrlich schrägen, 1989 gegründeten britischen Musik- und Burlesque-Trio. Jacques, der die Gruppe mit seinem charakteristischen **Falsettgesang** und der **Clownsmaske** prägt, spielt Akkordeon, Klavier, Ukulele oder Banjo und ist das Gesicht des tragisch-komödiantischen Stils der Band. Die Konzerte der Briten sind echt einmalig: ein origineller Mix aus morbiden Moritaten und Balladen, **Punk**, britischem Humor und Kabarett, dazu Elemente von **Brecht** und Weill (*tigerlillies.com*).

WELCHE ORTE IN LONDON MÖGEN SIE AM LIEBSTEN? — — Die Märkte. Notting Hill hat einen ziemlich großen Antiquitätenmarkt. Und ich schätze den auf der Brick Lane (S. 116). Obwohl die Hälfte des **Spitalfields Market** (S. 116) mittlerweile in eine Art Einkaufszentrum umgewandelt wurde, ist er immer noch großartig. Ich liebe die Atmosphäre und die Leute, die die Stände führen, die sind toll.

WELCHE SIND DIE BESTEN ORTE ZUM FRÜHSTÜCKEN IN IHRER GEGEND? — — Am liebsten sind mir die traditionellen Restaurants, die seit Generationen familiengeführt sind und sehr viel Übung darin haben, ein echtes englisches Frühstück perfekt zuzubereiten. Und ich liebe Tea Rooms, es gibt einige großartige altmodische, die in Central London liegen.

WOHIN GEHEN SIE GERNE ZUM LUNCH? — — Früher ins Manzis in Soho, das gab es seit Generationen. Jetzt ins **Cafe Royal** (10 Air Street, *laurentatcaferoyal.com*), ich liebe den Heilbutt.

HABEN SIE EINEN TIPP FÜRS DINNER? — — Viele fantastische Restaurants sind in Soho zu finden, auch ein Spaziergang durch Chinatown lohnt sich immer.

UND WAS EMPFEHLEN SIE FÜR EINEN AFTER-DINNER-DRINK? — Das ist heutzutage viel leichter geworden, da die Gesetze für die Schanklizenzen gelockert wurden. Ich würde Ihnen raten, in einen der alten, traditionellen, unabhängig geführten Pubs zu gehen.

WAS SIND DIE BESTEN ORTE, UM IN DIE KUNSTWELT EINZUTAUCHEN? — — London ist in dieser Hinsicht sehr lebendig und besitzt viele historische Galerien. Meine absoluten Favoriten sind die Kunstgalerie des **Courtauld Institute** (*courtauld.ac.uk*) und die **National Portrait Gallery** (S. 74). Aber natürlich sind auch viele der kleinen Museen einen Besuch wert.

WELCHE SEHENSWÜRDIGKEITEN DARF MAN NICHT VERPASSEN? — — Ich mochte das Earls Court Exhibition Centre immer ganz besonders, es lag gleich bei mir um die Ecke. Leider wurde es abgerissen, was meiner Meinung nach ein echt krimineller Akt war. Die **Battersea Power Station** (188 Kirtling Street, *batterseapowerstation.co.uk*) ist auch ein erstaunliches Gebäude, zum Glück haben sie das noch nicht beseitigt. Der **St James's Park** (S. 56) ist hübsch, leider, wenn man Pech hat, voll von Touristenmassen. Ich laufe auch gerne durch den **Hyde Park,** um den **Serpentine**-See herum.

WO KAUFEN SIE GERNE EIN? — Es gibt einige wunderbare Geschäfte: **Fortnum & Mason** (S. 56) für Lebensmittel. Und **Harrods** (S. 32) natürlich, die haben eine ganz tolle Food Hall. Auch **Harvey Nichols** (S. 32) ist sehr zu empfehlen.

VERRATEN SIE UNS EIN VERSTECKTES JUWEL DER STADT? — Da sind so viele ... die **Inns of Court** (S. 81) in der Nähe der Blackfriars Bridge sind faszinierend, nicht nur wegen ihrer historischen Bedeutung. Die Gegend an der Themse in der Nähe der London Bridge ist auch ganz besonders.

WELCHES THEATER LOHNT SICH IMMER? — — Ich liebe das **Piccadilly Theatre** (16 Denman Street, *www.atgtickets.com/venues/piccadilly-theatre/*) in Soho bis in alle Ewigkeiten. Wir haben dort gespielt und waren elf Wochen lang ausverkauft. Und ich habe einen **Oliver Award** für meine Performance gewonnen.

BESCHREIBEN SIE DIE ATMOSPHÄRE DER STADT! — — Sehr historisch, traditionell und multikulturell. Und natürlich außerordentlich innovativ, vor allem was die Kunst, das Theater und die Musik betrifft.

Neu-gotische Kirche, in der auch außergewöhnliche Musikkonzerte aller Richtungen stattfinden: Union Chapel

Eines der ältesten Kinos in Großbritannien: The Screen on the Green aus dem Jahr 1913

1—St John's Gate
2—The Jerusalem Tavern
3—Krypta
4—ZTH Cocktail Lounge
5—The Crown Tavern
6—Sadler's Wells Theatre
7—Camden Passage
8—Piers Rankin Antique Silver
9—Kipferl

Lohnenswert zum Einkaufen und um besonders köstlich zu essen: der charmante Exmouth Market, der von hübschen Restaurants gesäumt ist

TOUR

7

CLERKENWELL & ISLINGTON

Im malerischen Clerkenwell haben viele Werber, **Designer** und Architekten ihre Büros und Ateliers. Mit seinen kopfsteingepflasterten Straßen und Plätzen, historischen Pubs und **mittelalterlichen Gebäuden** gehört es bestimmt zu den charmantesten Vierteln der Stadt. Außerdem prägen angesagte Restaurants die Gegend nördlich von der City of London. Eines der Highlights: der **Exmouth Market** mit seinen lebendigen Cafés, Bars, Boutiquen und Kunstgalerien. Islington, einst unattraktiver Vorort von London, hat sich in eine begehrte Wohngegend verwandelt. Und in ein beliebtes Shopping-Revier von **Vintage-Fans.** Interessante Reminiszenz der dörflichen Vergangenheit: die überhohen Bordsteine, die früher dazu dienten, die Fußgänger vor Schlammspritzern zu schützen. Durch Islington wurden nämlich die Viehherden zum **Smithfield Market** getrieben.

SPAZIERGANG: VOM DREHORT VON »SKYFALL« ÜBER HISTORISCHE PUBS ZUM LEBENDIGEN EXMOUTH MARKET UND ZU DEN VINTAGE-LÄDEN IN ISLINGTON

Start ist am **Smithfield Market** (Grand Avenue), seit 800 Jahren der größte Fleischmarkt des Landes, er war auch schon auf der Kinoleinwand zu sehen – bei einer spektakulären Verfolgungsjagd für den James-Bond-Film **Skyfall.** Über die St John Street in Richtung Norden gelangt man ins Zentrum von Clerkenwell. Rechterhand liegt das **St John's Gate** (26 St John's Lane), ein beeindruckendes Tudor-Torhaus aus dem Jahr 1504, in dem sich ein kleines Museum zur Geschichte des gleichnamigen Ordens befindet. Über den St John's Square gelangt man in Richtung Westen auf den St John's Path, eine uralte Gasse, die zum Pub **The Jerusalem Tavern** (55 Britton Street) führt, dessen Geschichte bis zu den Kreuzfahrern zurückreicht. Weiter in Richtung Norden über die Britton Street, bis man auf die Clerkenwell Road stößt. Rechts abbiegen, um zur Priory Church of the Order of St John zu gelangen. Lohnenswert: eine Führung durch die düstere **Krypta** aus dem 14. Jahrhundert, eines der ältesten Bauwerke Londons. Sollten Sie hier am Nachmittag unterwegs sein, dürfen Sie sich den Afternoon Tea in der exzentrischen **ZTH Cocktail Lounge** des hippen Zetter Hotel (49–50 St John's Square), das gleich gegenüberliegt, nicht entgehen lassen. Durch die Jerusalem Passage hinter dem Haus – hier stand die Jerusalem Tavern früher – kommt man auf die Aylesbury Street, links abbiegen, dann wieder rechts, den Clerkenwell Close nach Norden nehmen. Lust auf einen gemütlichen Pub? Dann im **The Crown Tavern** (43 Clerkenwell Green) einkehren, hier trafen sich angeblich Marx und Lenin im Jahr 1905 zum allerersten Mal. Via Bowling Green Lane und Catherine Griffith Court erreicht man den **Exmouth Market** an der Grenze von Clerkenwell und Finsbury, auf dem viele Feinkosthändler freitags und samstags ihre Köstlichkeiten anbieten. In Richtung Norden geht man entlang der Rosebery Avenue, vorbei am **Sadler's Wells Theatre,** Londons wichtigster Bühne für internationalen Tanz. Über die St John Street weiter auf die Islington High Street, die zur Upper Street wird. Shoppinghimmel: die **Camden Passage** mit ihrem Vintage-Markt (mittwochs und freitags bis sonntags) und ganz besonderen Läden wie In-Residence (Interior, Nummer 8), **Caroline Carrier** (antikes Porzellan, 1 Pierrepont Arcade) oder **Piers Rankin Antique Silver** (Silberwaren, Nummer 14). Lust auf etwas Süßes? Dann schnell zu **Kipferl** (Nr. 20), wo österreichische Spezialitäten serviert werden. Eher Hunger auf Deftiges? Auf ins Restaurant Oldroyd (344 Upper Street), wo saisonale Küche auf den Teller kommt. Montags wird fleischlos gekocht.

Linke Spalte: Im Salut! in Islington wird Fusion-Cuisine serviert (oben). TV-Koch James Cochran (Mitte) steht im Restaurant 1251 hinter dem Herd

Rechte Spalte: Wunderbar exzentrisch: die ZTH Cocktail Lounge im Zetter Hotel (oben). Idyllisch: die kleine Terrasse des charmanten Hotels The Rookery (unten)

Cleaner Style, gesunde Küche: Aprés Food Co.

ESSEN UND TRINKEN

FRÜHSTÜCK

Aprés Food Co.
72 St John Street
apresfood.com
Miteigentümerin dieses hübschen Cafés ist eine Ernährungsspezialistin, die ihren Gästen feine, gesunde Küche vorsetzt: Der Aprés Shot aus Ingwer, Apfel, Sellerie und Gurke macht wacher als Espresso, dazu gibt es glutenfreien Toast, Pancakes und Eierspeisen in allen Variationen.

J + A Café
4 Sutton Lane
jandacafe.com
Sehr familiäres Café im Erdgeschoss einer alten Diamantschneidefabrik, das von zwei Schwestern geführt wird. In warmer, rustikaler Atmosphäre wird man den ganzen Tag über lecker bewirtet. Auf der Frühstückskarte lohnen sich vor allem das Organic Jumbo Oat Porridge mit verschiedenen Add-Ons und die Eggs Benedict.

LUNCH

Moro
34–36 Exmouth Market
moro.co.uk
Krönender Abschluss eines Bummels über den Exmouth Market: Sam und Sam Clarks Lokal, ein Dauerbrenner. In modern-schickem Ambiente wird spanisch-nordafrikanisch gegessen, auch abends sind die Tische begehrt. Vorsicht: Die Schokoladen-Aprikosen-Torte macht süchtig. Auch lohnenswert: ein Abstecher in die kleine Schwester, die Tapasbar Morito, nebenan.

The Drapers Arms
44 Barnsbury Street
www.thedrapersarms.com
Lässiger Gastro-Pub mit kleinem Garten in einer besonders schönen Ecke Islingtons. Das Menü wechselt täglich, je nachdem, was gerade Saison hat. Vor allem sonntags treffen sich hier die Stammgäste aus der Gegend für ein deftig-fleischhaltiges Mittagessen.

Restaurant 1251
107 Upper Street
1251.co.uk
TV-Koch James Cochrans neuestes Baby in Islington, benannt nach einem Song von The Strokes, hat sich in kurzer Zeit aufgrund seiner Fusion Cuisine (britisch mit karibischen Einflüssen) einen hervorragenden Ruf erworben. Die Karte ist unterteilt in Snacks, die man sich perfekt teilen kann, und Teller, die man besser alleine isst. Tipp: Zum Sunday Roast einkehren.

DINNER

St. John
26 St John Street
stjohnrestaurant.com
Eines der einflussreichsten Restaurants der letzten Jahre, Chef Fergus Henderson prägte einen neuen ethnischen Kochstil: »Nose to Tail Eating«. Deshalb stehen hier nicht nur Steaks auf der Speisekarte, sondern auch Innereien und andere eher ausgefallene Kreationen wie gebratenes Knochenmark. Natürlich hat Henderson auch Speisen für Vegetarier im Repertoire!

Klassiker im legendären Lokal St. John: gebratenes Knochenmark

Otto's French Restaurant
182 Gray's Inn Road
ottos-restaurant.com
Wunderbar altmodisch, eines der besten französischen Lokale von London. Man speist an weiß eingedeckten Tischen auf elegantem Porzellan. Spezialitäten des Hauses sind Canard à la Presse und Homard à la Presse. Hausherr Otto Tepassé ist ein echtes Original.

Salut! Restaurant
412 Essex Road
salut-london.co.uk
Moderne europäische Küche zu fairen Preisen in Islington, ideal für einen entspannten Abend mit Freunden in relaxter Atmosphäre. Holztische, kupferne Lampen, man guckt in der offenen Küche zu, wie das Dinner zubereitet wird. Auf jeden Fall einen der Nachtische probieren!

DRINKS UND AUSGEHEN

The Bar With No Name
69 Colebroke Row
69colebrokerow.com
Klein, aber superfein: In der exquisiten Cocktailbar mitten im trendigen Islington mit nur zehn Tischen werden Weltklasse-Cocktails serviert. Chef-Mixologe Tony Conigliaro erfindet seine Drinks im kleinen hauseigenen Labor.

Bar Oriole
East Poultry Avenue
oriolebar.com
In der neuen Glam-Location des Teams hinter der Bar Nightjar (S. 119) steht jeden Abend Live-Musik – Jazz oder Blues – auf dem Programm. Köstlich: die exotischen Cocktails, die in abgefahrenen Gläsern wie einem silbernen Krokodil, serviert werden.

EINKAUFEN

Abigail Ahern
137 Upper Street
abigailahern.com
Die Interiordesignerin wird für ihre leicht exzentrischen Eigenkreationen weit über die Grenzen von London hinaus gefeiert. Ihre Boutique in Islington ist eine Schatzkammer mit Möbeln, Lampen und ausgefallenen Home- und Design-Accessoires.

Beliebt wegen ihrer ungewöhnlichen Drinks: Bar Oriole

Førest London
115 Clerkenwell Road
www.forestlondon.com
Auf der Suche nach Nordic Chic? Eva Coppens Store ist auf dänische, schwedische und holländische Midcentury-Möbel spezialisiert. Außerdem bietet der Laden mit einer Reihe von Ausstellungen vielen nordeuropäischen Künstlern eine Plattform.

Twentytwentyone
274–275 Upper Street
twentytwentyone.com
Beliebte Anlaufstelle vieler Innenarchitekten. Der Store präsentiert auf zwei Stockwerken eine coole Auswahl von Möbel- und Living-Designern des 20. Jahrhunderts, aus aller Welt und in allen Preisklassen.

KUNST UND KULTUR

Almeida Theatre
Almeida Street
almeida.co.uk
Eines der einflussreichsten Häuser der Stadt, das vor allem Stücke britischer Autoren spielt, zum Beispiel von Harold Pinter. Auch Kino-Star Benedict Cumberbatch stand hier schon auf der Bühne.

Marx Memorial Library
37a Clerkenwell Green
marx-memorial-library.org
In diesem unauffälligen Gebäude druckte Lenin in den Jahren 1902 und 1903 17 Ausgaben der bolschewistischen Zeitung Iskra. Bis heute werden hier Exemplare dieser Zeitung, sozialistische Literatur und andere Relikte aus den Arbeiterkämpfen aufbewahrt.

Victoria Miro Gallery
16 Wharf Road
victoria-miro.com
Seit sie 1985 ihre erste Galerie in Mayfair eröffnet hat, ist Victoria Miro ein wichtiger Bestandteil der Londoner Kunstszene. In einer ehemaligen Möbelfabrik, die zwischen Islington und Hoxton liegt, zeigt sie eine vielschichtige Auswahl von Werken etablierter Künstler und frischer Talente.

SCHLAFEN

Fox & Anchor
115 Charterhouse Street
foxandanchor.com
Restauriertes viktorianisches

Gemütlich und very british: The Rookery

Juwel, nur zwei Minuten von der Tubestation Farringdon entfernt. Über dem behaglich eingerichteten Pub, der köstlich-deftiges Essen im Angebot hat, befinden sich sechs edle Gästezimmer im Boutique-Stil. Nach dem Dinner mit hausgemachtem Pie fallen Sie in eines der superbequemen Betten. Auch das Frühstück ist fabelhaft. DZ ab ca. 200 £.

The Rookery
12 Peter's Lane
rookeryhotel.com
Das restaurierte georgianische Stadthaus versteckt sich in einem urigen Gässchen. Innen herrscht wohlige, familiäre Atmosphäre mit holzverkleideten Wänden, einer Lounge mit bequemen Sesseln, Kamin und der Honesty Bar. In den oberen Stockwerken befinden sich die 33 antik eingerichteten Schlafzimmer mit REN-Produkten in den Bädern. Toll: Kein Raum gleicht dem anderen. Absolutes Highlight - The Rook's Nest Suite mit einmaligem Blick auf die beeindruckende St Paul's Cathedral. DZ ab ca. 220 £.

EXTRATIPP

Clerkenwell Design Week
clerkenwelldesignweek.com
Angesagtes dreitägiges Festival, das die aktuellen Strömungen im Design mit einem beeindruckenden umfangreichen Programm würdigt: Workshops und Diskussionen, Installationen, Produkte, Ausstellungen, Musik – und natürlich jede Menge Partys.

Die Tea Time war früher
DAS gesellschaftliche
Ereignis des Tages

Sehr traditionell
und herrlich
opulent: der
Afternoon Tea
in der ZTH
Cocktail Lounge
im Zetter Hotel

LINDA FULFORD

Linda Fulford, Brand Communications Director bei *theoutnet.com*, ist eine der angesehensten Frauen der britischen Fashion-Szene. 1999 zog sie ihre eigene Company auf – Fulford PR in Singapur, die sie 2012 sehr erfolgreich verkaufte. Daraufhin ging Fulford mit ihrer Familie zurück in die Heimat, nach London, um bei einem der spannendsten Unternehmen der Lifestylebranche anzuheuern: bei *theoutnet.com*. Das von der **Net-a-Porter Group** gegründete Unternehmen ist für Fans von **Luxusmode** eine der Lieblingsshoppingadressen im Netz – vor allem wegen seiner gigantischen Auswahl: Bei 350 Labels gibt's auf die Kollektionen der vergangenen Saison bis zu **75 % Rabatt**, unter anderem mit dabei: Chloé, Isabel Marant, **Tom Ford** oder Valentino.

WAS IST IHR LIEBLINGS-VIERTEL?

Ich lebe mit meinem Mann, unseren zwei Kindern und unserem Hund in **East Sheen,** das liegt zwischen **Barnes** und **Richmond** im Südwesten Londons. Die Lage ist perfekt, direkt an der Themse und vor den Toren des Richmond Parks, man braucht nur 20 Minuten ins Zentrum Londons!

WO IN IHRER GEGEND GEHEN SIE GERNE ZUM FRÜHSTÜCKEN?

Um Freunde zu treffen, ins Artisan Coffee (139 Sheen Lane, *artisancoffee.co.uk*). Das **Robin Craft Café** (38 Sheen Lane, *facebook.com/therobincraftcafe*) hat einen schönen Innenhof, perfekt für einen sonnigen Morgen, und der Kuchen dort ist köstlich! Wenn wir am Sonntagmorgen früh unterwegs sind, machen wir immer einen kurzen Stopp am **Pen Ponds Food Truck** im Richmond Park, der von einer italienischen Familie betrieben wird – die Bacon Sandwiches sind ein Must.

IHRE FAVORITEN FÜR DEN LUNCH?

Die **Petersham Nurseries** (Church Lane, *petershamnurseries.com*) sind eine wunderschöne Location. Man kann sich erst in ihrem Gartenshop inspirieren lassen, der ist wirklich göttlich, voll von schönen Einrichtungsgegenständen. Danach gönnt man sich ein unkompliziertes Mittagessen mit frischen Salaten und leckeren Broten. Ich buche dort immer einen Tisch für etwa zwanzig Freunde zu meinem Geburtstag im Dezember, da sie ein wunderbares Weihnachtsmenü anbieten – ein echter Genuss.

WELCHE RESTAURANTS EMPFEHLEN SIE FÜRS DINNER?

Das **Sketch** (S. 44) in Mayfair ist einer meiner Favoriten, da ich das Dekor in rosa Samt liebe. Wenn ich dort bin, bekomme ich sofort Champagnerlaune, ein großartiger Ort, um mit Freunden auszugehen! Näher an meinem Zuhause im Südwesten Londons hat **Rick Stein** ein **Fischrestaurant** mit Blick auf den Fluss in Barnes eröffnet, das wirklich lohnenswert ist (Tideway Yard, 125 Mortlake High Street, *rickstein.com/eat-with-us/barnes/*).

WO BEKOMMT MAN DIE BESTEN LATE-NIGHT-DRINKS?

Das **Soho House Dean Street** (76 Dean Street, *sohohousedeanstreet.com*) ist grandios, am liebsten sitze ich draußen und gucke mir die Leute an. Die American Bar im Stafford Hotel (S. 59) ist gemütlich und hat gleichzeitig eine echt tolle Atmosphäre. Oder **The Gilbert Scott** im St Pancras Hotel (Euston Road, *stpancraslondon.com/de/*). Den besten Blick über London hat man aber definitiv im **Aqua Shard** (Level 31 The Shard, 31 St Thomas Street, *aquashard.co.uk*)!

GIBT ES IRGENDWELCHE PUBS, DIE SIE EMPFEHLEN KÖNNTEN?

Das **Anchor & Hope** (36 The Cut, *anchorandhopepub.co.uk*) in der Nähe von Waterloo ist ein lebhaftes Lokal mit großartigem Essen, gleich in der Nähe des Old Vic Theatre. **The Fox and Pheasant** (1 Billing Road, *thefoxandpheasant.com*) in der Nähe der King's Road oder **The Engineer** (65 Gloucester Avenue, *theengineerprimrosehill.co.uk*) in Primrose Hill sind wirklich perfekt für einen Sonntagslunch.

WAS SIND DIE BESTEN ORTE, UM IN DIE KUNSTWELT EINZUTAUCHEN?

Ich liebe die **Tate Gallery** (S. 106). Ich bin Mitglied und versuche, mit meinen Kindern immer zu den Ausstellungen zu gehen. Im vergangenen Jahr mochten wir die von David Hockney, Picasso und Monet besonders.

WELCHE SEHENSWÜRDIGKEITEN IN IHRER NÄHE SOLLTE MAN GESEHEN HABEN?

Hampton Court Palace (*hrp.org.uk/hampton-court-palace*) ist ein Muss! Sie können sogar mit dem Boot auf der **Themse** dort hinfahren. Es ist wirklich immer wieder verblüffend, wenn man darüber nachdenkt, dass **Heinrich VIII.** dort vor all den Jahren gelebt hat. Letztes Jahr waren wir da über die Weihnachtstage Schlittschuhlaufen, was absolut magisch war!

WAS SOLLTE MAN AUSSERDEM NICHT VERPASSEN?

— Wenn Sie mutig sind und auf die Spitze der **St Paul's Cathedral** (S. 106) klettern, kommen Sie an der **Whispering Gallery** vorbei, das ist lustig. Sie müssen dann eine schmale Wendeltreppe aus Metall hinaufklettern und werden am Ende von der spektakulärsten 360°-Sicht auf London belohnt! Ich liebe auch den Flower Market auf der **Columbia Road** (S. 116) an einem Sonntagmorgen – wenn Sie früh genug, vor den Massen, kommen, können Sie die wunderbarste Auswahl an Blumen, schrulligen Geschäften und Live-Musik genießen, während Sie einen frischen Bagel mit Milchkaffee frühstücken!

WELCHES IST DAS CHARMANTESTE HOTEL DER STADT?

— **Number Sixteen** (S. 37) in Kensington wegen Kit Kemps tollem Interiordesign oder **The Franklin** (24 Egerton Gardens, *starhotelscollezione.com/en/our-hotels/the-franklin-london/*), das an den Egerton Gardens liegt.

WO KAUFEN SIE GERNE EIN?

— Ich bin ein Online-Shopper für Mode – ich habe den perfekten Job bei **The Outnet,** Teil der **Yoox Net-a-Porter Group,** da ich mich den ganzen Tag mit dem umgeben kann, was ich liebe! Und ich habe ein großes Faible für Interior und Vintage. Wenn ich Zeit habe, gehe ich entweder auf die **Portobello Road** oder zur **Brick Lane.**

WAS SIND IHRE LIEBSTEN VERSTECKTEN JUWELEN DER STADT?

— Der **Garten** in der Mitte des **Victoria and Albert Museums** (S. 32) ist etwas Besonderes: Sie sind von diesem beeindruckenden Gebäude umgeben und können dort ganz entspannt einen Happen essen und Kaffee trinken, während Sie die Ruhe genießen. Und der **606 Club** (90 Lots Road, *606club.co.uk*) in Fulham: eine sehr kleine Underground-Jazz-Bar, ich bin immer fasziniert von den überragenden Sängern.

GIBT ES EIN KINO, DAS SIE EMPFEHLEN KÖNNEN?

— Definitiv die **Olympic Studios** (117–123 Church Road, *olympicstudios.co.uk*) in Barnes. Das sind ehemalige Plattenstudios, in denen schon die Rolling Stones probten. Ich erinnere mich immer gerne an die Geschichte der Räume, bevor ich mich in die supergemütlichen Kinosessel fallen lasse …

WAS SOLLTE MAN IN LONDON IMMER SHOPPEN?

— Wie groß ist Ihre Tasche …? Auf jeden Fall Gin von einem Londoner Destillateur wie **Sipsmith.** Ich würde auf den **Borough Market** (S. 106) gehen, um auf dem Bauernmarkt einzukaufen. Und zu **Fortnum & Mason** (S. 56), um traditionellen englischen Tee zu besorgen!

WO ENTSPANNEN SIE AM BESTEN?

— Es ist das Schönste für mich, mit meinem Hund Archie im **Richmond Park** spazieren zu gehen oder zu joggen, obwohl ich ihn im Auge behalten muss, da es viele Hirsche gibt. Ich liebe die wechselnden Farben der Jahreszeiten dort, es ist ein unglaublich beflügelnder Ort.

HABEN SIE EINEN SPA-TIPP?

— Ich muss sagen, ein Besuch der **Sarah Chapman Skinesis Clinic** (S. 37) in Chelsea ist ein Muss, wenn man sein Gesicht mal so richtig verwöhnen möchte.

Schön entspannen im Drawing Room, einer Lounge des stilvollen Hotels Number Sixteen

Seit ihrer Eröffnung im Jahr 2000 ist die Tate Modern ein absoluter Publikumsmagnet

Christopher Wrens Meisterwerk: die mächtige St Paul's Cathedral, in der Krypta liegt unter anderem Admiral Nelson begraben

1—St Olave Old Jewry
2—Borough Street Market
3—Monument
4—St Dunstan-in-the-East
5—Tower of London
6—HMS Belfast
7—Bread Ahead
8—Clink Prison Museum
9—Millenium Bridge

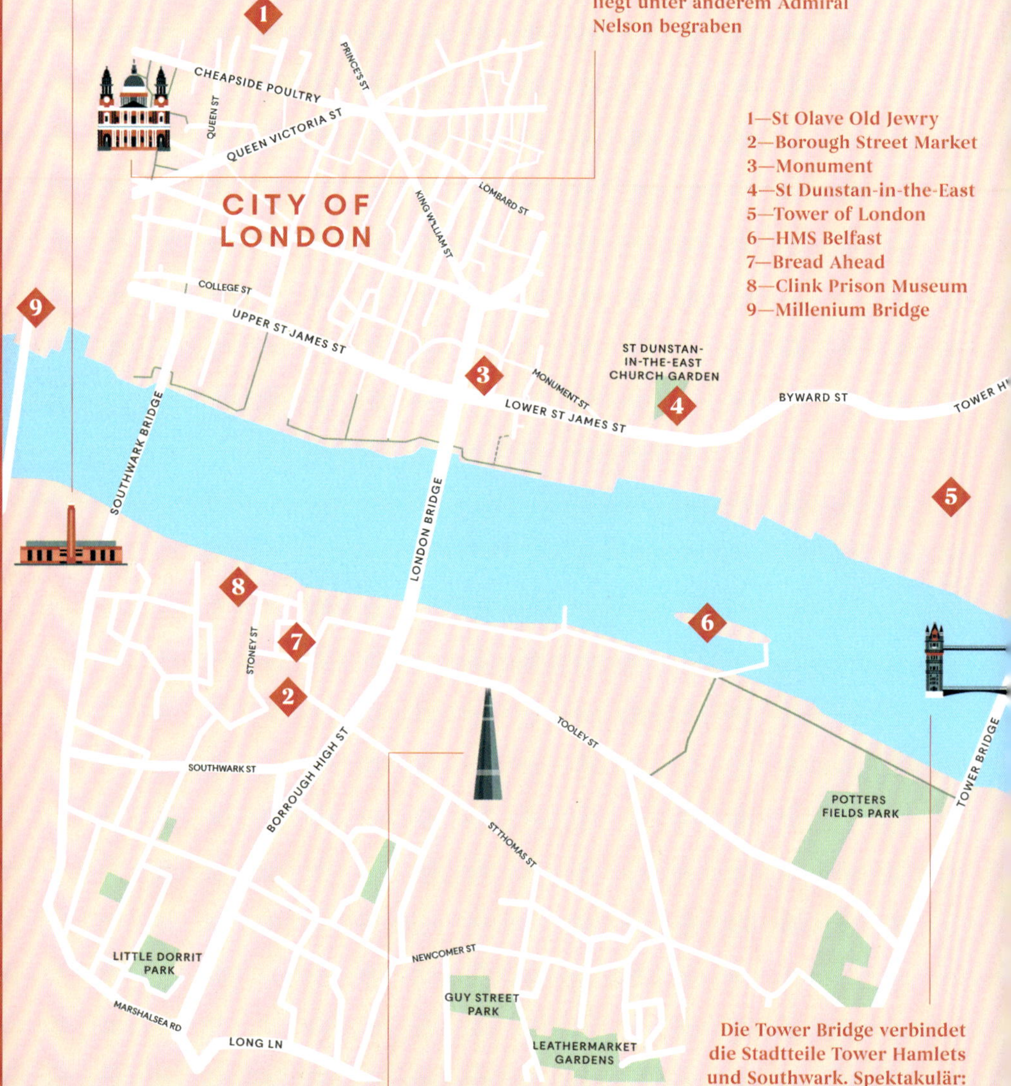

Die Tower Bridge verbindet die Stadtteile Tower Hamlets und Southwark. Spektakulär: die Fußgängerbrücke mit begehbarem Glasboden – von dort aus blickt man 42 Meter in die Tiefe

Der mächtige pyramidenförmige Wolkenkratzer The Shard dominiert die Londoner Skyline

TOUR

8

CITY OF LONDON & SOUTHWARK

Die City of London, knapp eine Quadratmeile groß, ist das **Herzstück** der Stadt. Alles dreht sich ums Geld, die Bank of England hat hier ihren Hauptsitz. Während der Woche sind die Lokale voll von Investmentbankern, die in den Hochhäusern arbeiten, an den Wochenenden geht es ruhig zu. Doch zwischen den Stahl- und Betonbauten verstecken sich einige der ältesten Bauwerke der Stadt wie die Kirche **St Olave.** In Southwark am **Südufer der Themse** vergnügten sich früher die »Sünder« in den **Bordellen,** das Gebiet lag außerhalb des Zuständigkeitsbereiches der Behörden. Mit der **Tate Modern** hat das Viertel einen weltberühmten Kulturmagneten bekommen. Foodies werden auf dem **Borough Street Market,** einem der schönsten Lebensmittelmärkte der Stadt, glücklich. Und in den bemerkenswerten Restaurants, die sich in der Gegend niedergelassen haben.

SPAZIERGANG: NEUE UND ALTE WAHRZEICHEN DER STADT – VON MONUMENT UND DEM TOWER ZUM IKONISCHEN THE SHARD UND ZUR TATE MODERN

Startpunkt ist **Monument** (Tube: Monument Station), die 61 Meter hohe Säule, die an den schlimmen Brand von 1666 in London erinnert. Von der Aussichtsplattform aus, die Sie über 311 Stufen erreichen, schweift der Blick weit über die Dächer der City. Über die Lower Thames Street in östlicher Richtung kommen Sie zu den mittelalterlichen Ruinen der Kirche **St Dunstan-in-the-East** (St Dunstans Hill) mit ihrem idyllischen Garten. Der Ort hat eine ganz eigene, düster-märchenhafte Atmosphäre. Via Eastcheap und Great Tower Street zu einem der Wahrzeichen von London, dem **Tower** (St Katherine's & Wapping) – hier werden die Kronjuwelen aufbewahrt. Weitere Attraktion: die **zahmen Raben.** Der Legende nach wird die Monarchie fallen, sobald die Vögel die Festung verlassen. Am besten unter der Woche vor 9 Uhr morgens kommen. Über eine Fußgängerbrücke mit Glasboden gelangt man zum gegenüberliegenden Flussufer. Nehmen Sie den Queen's Walk in Richtung Westen, vorbei an der futuristischen City Hall, bis Sie zur **HMS Belfast** kommen, einem am Ufer verankerten Kriegsschiff aus dem Zweiten Weltkrieg. Auf der linken Seite erhebt sich der mächtige Wolkenkratzer **The Shard,** 310 Meter hoch, von Renzo Piano gebaut. Weiter zur Southwark Cathedral (London Bridge), die einen daran erinnert, dass Southwark Londons ältester Vorort ist. An ihrer Südseite befindet sich der beliebte **Borough Market** (8 Southwark Street) mit seinen delikaten Essensständen. Highlights: Monmouth Coffee für einen Koffeinbooster, **Bread Ahead** für alle Arten von Brot und die irrsinnig leckeren, gefüllten Donuts und Brindisa Choriza Grill für eine Semmel mit scharfer, gegrillter Wurst auf die Hand. Frisch gestärkt via Stoney Street zurück in Richtung Themseufer. An der kopfsteingepflasterten Clink Street befinden sich neben dem etwas gruseligen **Clink Prison Museum** (1 Clink Street), das die Geschichten der ehemaligen Gefängnisinsassen samt Foltermethoden erzählt, auch die Außenmauern des Winchester Palace, früher Sitz des Bischofs, mit dem berühmten Rosettenfenster. In Richtung Westen zum Shakespeare's Globe Theatre (New Globe Walk): Es ist dem mehrfach zerstörten Original, das 200 Meter entfernt lag, nachempfunden. Und zu einem der spektakulärsten Kunstmuseen der Welt: der **Tate Modern** in einem ehemaligen Kraftwerk. Alle großen Namen der zeitgenössischen Kunst sind hier vertreten.
Über die **Millennium Bridge** in Richtung Norden gelangt man zum Abschlusspunkt der Tour: **St Paul's Cathedral,** Meisterwerk des Architekten Christopher Wren. Jahrhundertelang war die Kuppel der Kathedrale der höchste Punkt von London. Highlights: die Whispering Gallery, eine Flüstergalerie, und die Aussicht von der Golden Gallery, für die man insgesamt 528 Stufen erklimmen muss.

Rechte Spalte: Im Duddell's wird die berühmte Peking-Ente zubereitet (oben). Die Bar The Vault des Hotels The Ned war früher ein Tresorraum (Mitte). Blick auf die spektakuläre Tate Modern (unten)

Linke Spalte: Die Kacheln an der Theke der portugiesischen Bar Douro sind handbemalt (oben). Lieblingsladen für frische Tacos: El Pastor (unten)

Pfannkuchen-Himmel: Where the Pancakes are

ESSEN UND TRINKEN

FRÜHSTÜCK

Darwin Brasserie
20 Fenchurch Street
skygarden.london/darwin
Frühstück mit Mega-Blick: Im 36. Stock der 20 Fenchurch Street, des Wolkenkratzers, der wegen seiner Form Walkie-Talkie genannt wird, wird den ganzen Tag moderne britische Küche serviert, dazu genießt man spektakuläre Aussichten über die Stadt. Die Brasserie ist Teil des Sky Garden, des höchst gelegenen Dachgartens der Stadt. Unbedingt vorher reservieren.

Where the Pancakes are
Arch 35a
85a Southwark Bridge Road
wherethepancakesare.com
Himmlische Adresse für alle, die Pfannkuchen lieben, egal ob süß oder deftig. Unsere Favoriten: Royal (zwei Pfannkuchen mit pochierten Eiern, Sauce Hollandaise und Spargel) und Forest Berries mit Waldbeerenkompott und gerösteten Mandeln.

LUNCH

Mayfair Chippy – The City
140 Minories
mayfairchippy.com
Angeblich gehen hier die besten Fish & Chips der Stadt über den Tresen. Beliebter Take-Away-Spot der geschäftigen Investmentbanker – es lohnt sich aber auch, an der Bar Platz zu nehmen und frische Austern oder Muscheln zu sehr fairen Preisen zu bestellen.

El Pastor
7a Stoney Street
tacoselpastor.co.uk
El Pastor ist die erste mexikanische Taqueria der Gebrüder Hart, deren Tapas-Restaurantkette Barrafina in London ziemlichen Kultstatus hat. Das schmale, intime Lokal mit den Ziegelsteinwänden ist mittags sehr gut besucht. Was bestellen? Quesadillas Gringa, Tacos mit Waldpilzen und Morita Salsa oder die zart-würzigen Short Ribs.

Bar Douro
Arch 35b Flat Iron Square
Union Street
bardouro.co.uk
Hinter dem Lokal im lässig-portugiesischen Stil mit blauweißen Kacheln (handbemalt, aus Lissabon) und einer geschwungenen marmornen

Bar stecken Max Graham und Tiago Santos, der schon im Luxushotel The Yeatman in Porto gekocht hat und hier landestypische Gerichte mit modernem Twist auf die Teller bringt. Auch die Auswahl an Weinen ist exzellent. Danach unbedingt einen der Vintage-Portweine versuchen.

DINNER

Duck & Waffle
110 Bishopsgate
duckandwaffle.com
Man wird von einem komplett verglasten Aufzug in Sekundenschnelle in den 40. Stock des Heron Tower katapultiert. Und genießt dann eine spektakuläre 360-Grad-Aussicht über die Stadt. Der Name des Lokals, das 24 Stunden am Tag geöffnet hat, stammt von seinem berühmtesten Gericht: Ente mit Waffeln. Auch der Rest der Karte ist traditionell britisch. Ohne vorherige Reservierung geht hier gar nichts!

Duddell's
9a St Thomas Street
duddells.co/london/
Kantonesische Gourmetküche in einer ehemaligen Kirche. Meterhohe Decken, riesige Fenster, filigrane Kronleuchter – die denkmalgeschützte St Thomas Church ist die perfekte Kulisse für den englischen Ableger des Hongkonger Sternerestaurants. Tipp: Duddell's Peking Duck bestellen!

The Hawksmoor Borough
16 Winchester Walk
thehawksmoor.com
Neuer Ableger der Londoner Lieblingsadresse für Fleischfans. Das Ambiente: gemütlich-rustikal mit viel Holz. Und auf der Speisekarte stehen natürlich einige Hawksmoor-Klassiker, schließlich ist das Lokal ja berühmt für seine saftigen und besonders zarten Steaks.

Im Duddell's wird exquisite kantonesische Küche serviert

EINKAUFEN

Leadenhall Market
Gracechurch Street
leadenhallmarket.co.uk
Überdachter Markt im viktorianischen Stil mit imposanter Architektur, kleinen Restaurants und Geschäften. Zum Beispiel Oliver Sweeney (Schuhe), Reiss (Mode) und The Pen Shop (Luxus-Schreibwaren). Außerdem diente der Leadenhall Market als Vorlage der Winkelgasse in den Harry-Potter-Filmen. Für den ersten Teil der Blockbuster-Reihe wurde hier sogar gedreht.

Richard Bramble
Borough Market
8 Southwark Street
richardbramble.com
Der Stand des britischen Künstlers Richard Bramble auf dem Borough Market ist nicht zu übersehen – seine Kreationen haben viele Fans. In erster Linie verkauft er außergewöhnliches Porzellan, Textilien und Küchenaccessoires mit Tier- und Naturmotiven.

Einige seiner Werke sind auch mit Bildern des Borough Market bedruckt.

KUNST UND KULTUR

Postman's Park
King Edward Street
Der kleine Park mit den gemütlichen Bänken um die Ecke der St Paul's Cathedral setzt ein Zeichen für die Menschlichkeit. Auf Gedenktafeln werden Helden des Alltags geehrt, die anderen das Leben retteten und dabei starben. Auf die Idee kam der Künstler George Frederic Watts, der Ende des 19. Jahrhunderts die ersten Tafeln anfertigen ließ. Bekannt wurde der Park auch durch Mike Nichols' Film »Hautnah«.

St Bartholomew-the-Great
Cloth Fair
greatstbarts.com
Beeindruckende, stimmungsvolle normannische Kirche, die im Jahr 1123 gebaut wurde und damit zu den ältesten Kirchen Londons zählt. Sehenswert: Damien Hirsts vergoldete Statue des heiligen Bartholomäus. Filmfans wird die Kirche bekannt vorkommen: Hier wurden unter anderem Szenen für die Blockbuster »Vier Hochzeiten und ein Todesfall« und »Shakespeare in Love« gedreht.

St Olave
8 Hart Street
sanctuaryinthecity.net
Die Lieblingskirche von Charles Dickens stammt aus der Mitte des 15. Jahrhunderts und ist die kleinste der noch erhaltenen mittelalterlichen Kirchen der Stadt. Wegen der Totenköpfe und Knochen über dem Eingang nannte der Schriftsteller sie in seinem Buch The Uncommercial Traveller »St Ghastly Grim« (St. Grausig Düster).

The Barbican Centre
Silk Street
barbican.org.uk
An dem Ort, wo jetzt Europas größtes Kunstzentrum thront, standen einst die Befestigungsanlagen der Römer. Im Garten des modernen Betonkomplexes, der einen Konzertsaal, zwei Theater, Kinos, Kunstgalerien und eine Bibliothek beherbergt, sieht man noch die runden Ruinen der Wachtürme. Auf jeden Fall checken, welche Konzerte oder Theaterstücke gerade aufgeführt werden. In der Regel sind sie erstklassig!

RELAX

Tibetan Peace Garden
107a St George's Road
tibet-foundation.org/page/peace_garden

Der 20 Meter lange Indoor-Pool des Hotels The Ned

Der Dalai Lama persönlich eröffnete diese kleine Oase der Ruhe mit Meditationsplätzen, Skulpturen und Kräutern aus Tibet. Er wurde im Geraldine Mary Hamsworth Park angelegt, neben dem Imperial War Museum.

SCHLAFEN

The Ned
27 Poultry
thened.com
Aus der ehemaligen Zentrale der East Midland Bank wurde ein Hotel der Extraklasse. Mit acht Restaurants – vom italienischen Cecconi's bis zum Deli Zobler's, das jüdische Spezialitäten auf der Karte hat–, zwei Pools, von denen einer auf dem Dach liegt, mehreren Bars, zum Beispiel The Vault im früheren Tresor, und 252 opulenten Zimmern im Stil der 20er- und 30er-Jahre. Das Mammutprojekt haben Nick Jones, Gründer der Soho-Gruppe, und die New Yorker Sydell Group gemeinsam gestemmt. DZ ab ca. 210 £.

Shangri-La at the Shard
31 St Thomas Street
shangri-la.com
So hoch können Sie in London sonst nirgends übernachten: Das Luxushotel okkupiert die Etagen 34 bis 52 von Renzo Pianos Wolkenkratzer. Aus den raumhohen Fenstern der 202 Zimmer und Suiten bietet sich ein atemberaubender Blick über die Stadt, in den Marmorbädern stehen Produkte von L'Occitane. Cooles Plus: der kleine Infinity-Pool im 52. Stock und die Bar Gông auf der gleichen Etage. DZ ab ca. 350 £.

EXTRATIPP

Maltby Street Market
maltby.st
Etwas östlich von Southwark, in Bermondsey, liegt dieser Street Food Market: Er ist zwar etwas kleiner als der Borough Market, aber mindestens genauso charmant, nicht nur wegen seiner exquisiten Essensstände. Der Markt findet jedes Wochenende statt. Am besten samstags einen Besuch einplanen, sonntags ist es hier oft recht voll.

INSIDER-TIPP DER CREW

ICH LIEBE DEN SKY GARDEN – VON LONDONS HÖCHSTEM ÖFFENTLICHEN GARTEN AUS HAT MAN EINE GRANDIOSE AUSSICHT ÜBER DIE STADT. NICHT WEIT WEG, AN DER THEMSE, LIEGT DAS RESTAURANT GOURMET PIZZA COMPANY. NACH DEM ESSEN KANN MAN VON HIER AUS EINEN SCHÖNEN SPAZIERGANG AM FLUSS MACHEN.

Christopher Danner
Purser

KARL MAIER

Karl Maier ist die eine Hälfte des berühmten avantgardistischen Künstlerduos Craig & Karl, das über den Atlantik hinweg zusammenarbeitet. Sein Partner Craig Redman wohnt in New York, Karl im Osten von London. In ihrem unverwechselbaren, pop-art anmutenden Stil entwerfen sie Bilder und Designs, Streetart und Illustrationen für High-End-Kunden und Marken wie Google, Apple, Vogue und Louis Vuitton. Außerdem stellen Craig & Karl ihre Werke weltweit aus, einige ihrer wichtigsten Schauen liefen im Musée de la Publicité in Paris und im Onassis Cultural Centre in Athen. In seiner Heimat London verbringt Karl Maier gerne Zeit im Barbican Centre (*craigandkarl.com*).

WELCHES IST IHR LIEBLINGSVIERTEL?

Ich lebe in Bethnal Green im Osten von London, zwischen **Broadway Market** und **Columbia Road,** beides Orte, an denen sich die Locals gerne treffen. Mein Studio ist nur fünf Minuten von meinem Zuhause entfernt, deswegen halte ich mich die meiste Zeit in meiner Gegend auf. Sie besitzt eine echt gute Mischung von allem.

WO KANN MAN AM BESTEN FRÜHSTÜCKEN?

Bei **Lanark Coffee** auf der Hackney Road (Nr. 262, *lanarkcoffee.co.uk*), der Heimat des weltberühmten **»Kimcheese Sandwich«!** Und den besten Kaffee servieren sie auch.

UND WOHIN GEHEN SIE AM LIEBSTEN ZUM LUNCH?

Ins **E5 Bakehouse** (Arch 395, Mentmore Terrace, *e5bakehouse.com*) unter den Torbögen von London Fields. Dort steht jeden Tag ein anderes Lunch Special auf der Karte. Immer vegetarisch und besonders lecker.

IHRE TIPPS FÜRS DINNER?

Brawn auf der Columbia Road (Nr. 49, *brawn.co*) ist ein lässiges Restaurant, das auf stets gleichem Niveau hervorragende Speisen und Naturweine serviert. Auch einer meiner Lieblingsplätze: **Hill & Szrok** (S. 118), tagsüber ist es eine Metzgerei, abends ein Lokal. Die Top-Pizza Londons kommt bei **Radio Alice** (S. 118) in Hoxton auf den Tisch.

WELCHE BAR SERVIERT DIE BESTEN DRINKS?

The Laughing Heart auf der Hackney Road (Nr. 227, *thelaughingheartlondon.com*). Man isst dort auch gut und sie haben bis 2 Uhr geöffnet. Wobei sie eher auf Wein als auf Cocktails spezialisiert sind.

IHRE LIEBLINGSPUBS?

The Marksman (S. 118) auf der Hackney Road und **The Royal Oak** auf der Columbia Road (Nr. 73, *royaloaklondon.com*).

WO KANN MAN AM BESTEN KUNST ERLEBEN?

Auf der **Herald Street,** gleich bei der U-Bahn-Station Bethnal Green, haben sich mehrere exzellente zeitgenössische Galerien angesiedelt. Was Museen angeht – es gibt so viele ... Am häufigsten gehe ich wahrscheinlich ins **Barbican Centre** (S. 110), in die **Tate Modern** (S. 106) und in die **Whitechapel Gallery** (S. 123).

WAS SOLLTE MAN SICH IN LONDON IMMER ANSEHEN?

Wenn ich Besuch bekomme, gehe ich ins **Barbican** (S. 110). Und ich mag die Brücken über die Themse.

WELCHES HOTEL KÖNNEN SIE EMPFEHLEN?

Das **Town Hall Hotel** (8 Patriot Square, *townhallhotel.com*) in Bethnal Green ist ziemlich gut. Und das **Nobu Hotel Shoreditch** (10 – 50 Willow Street, *nobuhotelshoreditch.com*) besticht durch sein Design und Understatement.

WO GEHEN SIE EINKAUFEN?

Bei **Goodhood** (S. 122). Außerdem liebe ich den **Momosan Shop** am Wilton Way (Nr. 79a, *momosanshop.com*) hinter den London Fields, er führt tolle Küchen- und Tischutensilien, in erster Linie aus Japan und England. Wer auf der Suche nach seltenen Büchern ist, wird bei **Donlon Books** (S. 124) und **77 Broadway Market** (nach der Adresse benannt, *77broadwaymarket.com*) fündig.

WAS SOLLTE MAN SICH IN LONDON IMMER GÖNNEN?

Einen Martini in der Bar des Hotels **Dukes** (S. 59) in St James's. Dort hat schon James-Bond-Autor Ian Fleming gerne getrunken. Mein Rat: Versuchen Sie, bei einem zu bleiben. Ein Rat, dem ich selber leider meistens nicht folge ...

WO ENTSPANNEN SIE SICH AM BESTEN?

Im Hof hinter dem **Barbican,** er hat eine utopische Atmosphäre.

1—The Last Stop For The Curious
2—Dumpling Shack
3—Lahpet
4—Fournier Street
5—Brick Lane
6—Old Truman Brewery
7—Beyond Retro
8—Hales Gallery
9—The Lilly Vanilli
Bakery

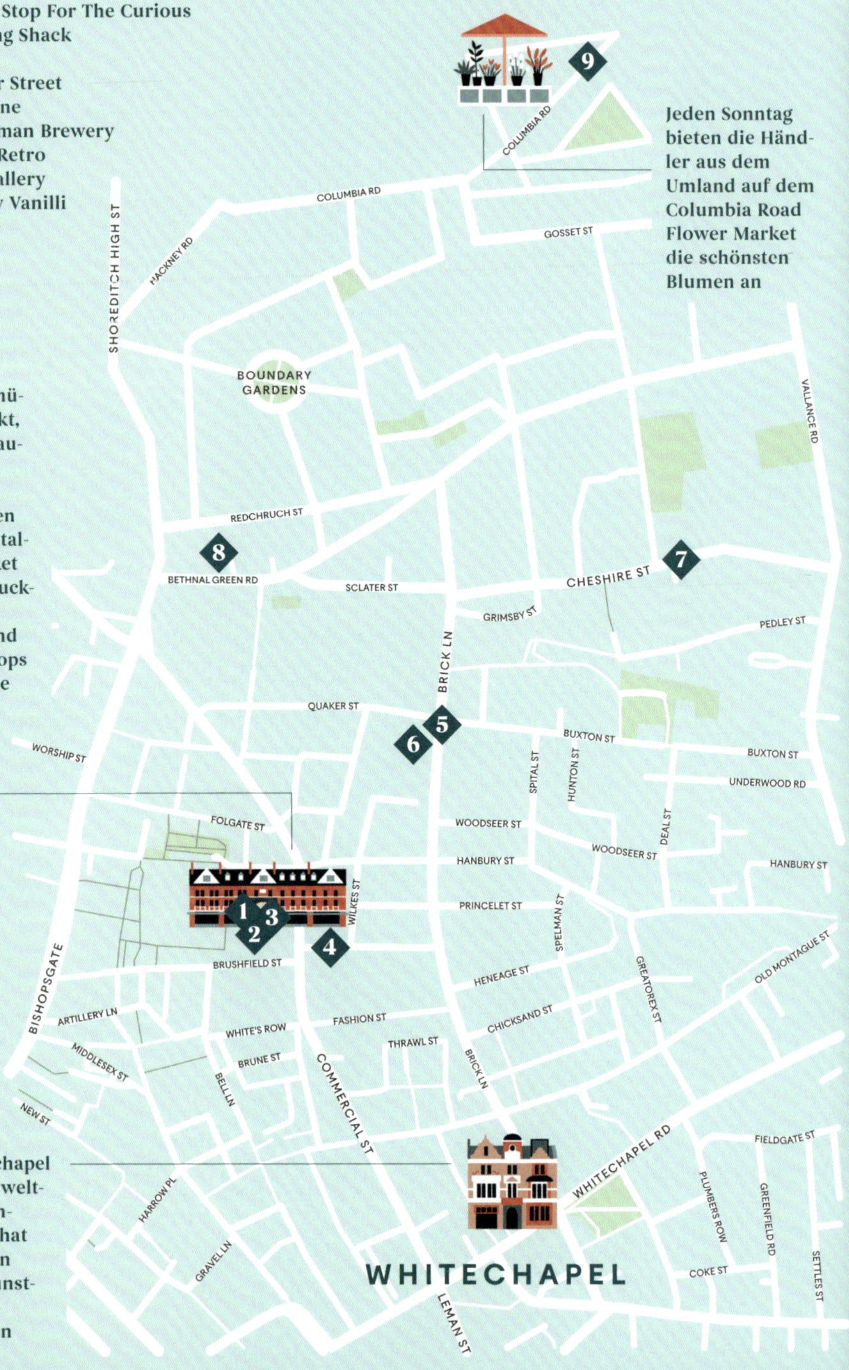

Jeden Sonntag bieten die Händler aus dem Umland auf dem Columbia Road Flower Market die schönsten Blumen an

Früher Gemüsegroßmarkt, heute verkaufen in den viktorianischen Hallen des Old Spitalfields Market auch Schmuckdesigner, Künstler und Vintage-Shops ihre Schätze

Die Whitechapel Gallery ist weltweit renommiert und hat nicht nur in London Kunstgeschichte geschrieben

TOUR

9

EAST END

In den düsteren Gassen des armen East End trieb früher einmal Jack the Ripper sein Unwesen. Der Ruf der Gegend war noch zu Beginn des 20. Jahrhunderts so verheerend, dass sie auf manchen Karten gar nicht verzeichnet war. Doch die ehemalige Wohngegend der Dockarbeiter ist schon seit längerer Zeit ziemlich hip geworden. In den alten Lager- und Industriehallen haben sich angesagte Bars und Restaurants, außergewöhnliche Streetfood-Take-Aways, Läden und Kunstgalerien niedergelassen. Wer Märkte, Streetart und World Cuisine liebt, kann hier ganze Tage verbringen.

SPAZIERGANG: VOM SPITALFIELDS MARKET ZU DEN HUGENOTTEN-HÄUSERN DER FOURNIER STREET UND DEN VINTAGE-LÄDEN RUND UM DIE BRICK LANE

Startpunkt: Liverpool Street Station. Den Ausgang in Richtung Bishopsgate nehmen und diese links entlanggehen, bis man rechts in die Brushfield Street einbiegen kann. So gelangt man direkt zum **Old Spitalfields Market** (*spitalfields.co.uk*), einer überdachten viktorianischen Markthalle, in der man von Hawaiihemden über Zylinder bis zu Perlenschmuck alle möglichen Schätze kaufen kann. Coole Vintage-Hüte findet man zum Beispiel bei **The Last Stop For The Curious.** In den Seitenflügeln der Halle haben viele angesagte Gastroketten ihre kleinen Ableger. Bei **Dumpling Shack** gibt es köstliche chinesische Dumplings in allen Variationen, bei **Lahpet** burmesische Straßenküche. Gegenüber der Markthalle befindet sich die Christ Church, die Nicholas Hawksmoor, der rätselhaft-geniale Schüler von Christopher Wren, 1729 erbaut hat. Weiter über die **Fournier Street,** hier kann man die Häuser der französischen Hugenotten bewundern, die diese im 18. Jahrhundert bauten. Charakteristisch sind die großen Fenster, denn die Bewohner der Häuser waren Seidenweber und brauchten für ihre Arbeit viel Licht. Weiter zur **Brick Lane,** die unter anderem durch Monica Alis gleichnamigen Roman berühmt wurde. In der Gegend siedelten sich viele Einwanderer aus Indien und Bangladesch an, aus denen sich »Banglatown« mit seinen berühmten Curry-Streetfood-Läden entwickelte. In Richtung Norden gehen, hier ist jedes Wochenende Markt, angeboten wird alles vom Fahrrad über Möbel und Souvenirs bis zu Lebensmitteln. Highlight für Modefans: der Vintage-Markt, der immer Donnerstag bis Sonntag in der **Old Truman Brewery** (91 Brick Lane) abgehalten wird. Und die Secondhandshops auf der Cheshire Street, zum Beispiel **Beyond Retro** (Nr. 110–112). Links in die Bethnal Green Road abbiegen, kurzer Stopp in der **Hales Gallery** (7 Bethnal Green Road), die für viele junge britische Künstler ein Erfolgssprungbrett ist. Zur Stärkung gleich um die Ecke im peruanischen Restaurant **Andina** (1 Redchurch Street) einkehren, das für seine Ceviches und Tiraditos hochgelobt wird. Tipp: Wer Marktatmosphäre liebt, sollte den **Columbia Road Flower Market** (*columbiaroad.info*, sonntags ab 8 Uhr), der ca. 20 Minuten zu Fuß entfernt liegt, nicht verpassen. Ein wun-derbarer Blumenmarkt zwischen viktorianischen Stadthäusern, links und rechts befinden sich hübsche Cafés, zum Beispiel der süße Cupcake-Himmel **The Lilly Vanilli Bakery** (6 The Courtyard) und Boutiquen wie **Mason & Painter** (67 Columbia Road) oder **Caravan Style** (5 Ravenscroft Street).

Linke Spalte: Hinter diesen Backsteinmauern liegt eines der bemerkenswertesten Hotels der Stadt: das Batty Langley's (oben). Aus der Zeit gefallen: Wohnzimmer in Dennis Severs' House (Mitte). Old Spitalfields Market (unten)

Rechte Spalte: Ein Gesamtkunstwerk, auch das kleinste Interior-Detail stimmt: das Hotel 40 Winks mit seiner magischen Atmosphäre (oben). Das vielgerühmte Bacon-Sandwich im St. John Bread & Wine (unten)

ESSEN UND TRINKEN

FRÜHSTÜCK

Nkora
21 Hackney Road
Nkora.co.uk
Gemütliches, unkompliziertes Nachbarschaftscafé, das großen Wert auf seine ganz speziellen, hochwertigen Kaffeeröstungen legt – manche Menschen sagen, dass sie hier den besten Kaffee in ganz London getrunken haben. Dazu werden frisch belegte Baguettes, Croissants und süße Leckereien serviert.

St. John Bread & Wine
94–96 Commercial Street
stjohngroup.uk.com
Das Schwesterrestaurant des einzigartigen St. John in der Nähe des Smithfield Market (S. 95) hat unter anderem ein wahres Wundermittel gegen Hangover im Angebot: Das Bacon-Sandwich. Besonders beliebt beim hippen Feiervolk. Auch der Rest der Speisekarte ist herrlich altmodisch. Probieren Sie unbedingt den Kipper – Räucherfisch auf Sauerteigtoast.

LUNCH

Radio Alice
16 Hoxton Square
radioalicepizzeria.co.uk
Lust auf Pizza? Dann schnell an den Hoxton Square! Für viele kommt hier, in einer ehemaligen Schule, die köstlichste Pizza der Stadt aus dem Ofen! Regel des Lokalbesitzers: Man darf keine Zutaten umbestellen, das würde die Aromen aus dem Gleichgewicht bringen. Tipp: die Pizza 'Nduja mit scharfer Wurst aus Kalabrien. Weitere Pluspunkte: faire Preise, lustige Stimmung und sehr nettes Personal.

The Marksman
254 Hackney Road
marksmanpublichouse.com
Der Gastropub ist im Besitz von Tom Harris und Jon Rotherham, zwei ehemaligen Mitarbeitern des legendären Restaurants St. John, und wurde für seine Küche schon mehrfach ausgezeichnet. Im Erdgeschoss heimeliges Hang-out, wo lokal gebrautes Bier gezapft wird, im 1. Stock etwas edler. Die Beef & Barley Buns mit frischem Meerrettich sind der Renner bei den Vorspeisen, der Sunday Roast wirklich unübertroffen.

DINNER

Hill & Szrok
60 Broadway Market
hillandszrok.co.uk
Nichts für Vegetarier: tagsüber Metzgerei, abends intimes Restaurant mit nur 25 Plätzen, das für seine Biofleisch-Gerichte sehr geschätzt wird. Und für seine Weinkarte.

Wirklich fabelhafter Gastropub: The Marksman

Durstig bleibt hier keiner – im Angebot sind über 300 Flaschen von Naturweinen bis zu Vintage-Weinen aus dem Bordeaux. Achtung: Man kann nicht reservieren.

Rochelle Canteen
16 Playground Gardens
arnoldandhenderson.com/rochelle-canteen
In einem ehemaligen Schuppen hat Margot Henderson, Ehefrau vom Star der Gastroszene Fergus Henderson, ihr schlichtes Restaurant eröffnet. Auf den Tisch kommt eine kleine feine Auswahl an exzellenten Gerichten der neuen britischen Küche, die Karte wechselt fast jeden Tag. Lunch wird täglich gereicht, Dinner wird donnerstags bis samstags serviert.

Cub
153 Hoxton Street
lyancub.com
Besser geht's nicht! Das Restaurant im angesagten Hoxton ist eine Kollaboration von Drink-Wizzard und Bartender Ryan Chetiyawardana und dem mehrfach ausgezeichneten Koch Douglas McMaster, Nachhaltigkeits-Vorreiter mit seinem Zero-Waste-Restaurant Silo in Brighton. Die Küche ist leicht und sehr gemüselastig, natürlich stammen alle Zutaten aus regionalem und nachhaltigem Anbau, die Gerichte wechseln saisonal.

Vorsicht, schwer zu finden: Bar Nightjar

DRINKS UND AUSGEHEN

Bar Nightjar
129 City Road
barnightjar.com
An der schwarzen Eingangstür geht man leicht vorbei ... Wenn Sie sie aber gefunden haben, werden Sie mit einem fantastischen Abend belohnt. Genial-schummrige Atmosphäre, Live-Musik-Acts vom Feinsten, dazu unbedingt einen Jewel of the South ordern.

Cafe OTO
The Print House
18–22 Ashwin Street
cafeoto.co.uk
Etwas ab vom Schuss in Dalston: tagsüber Café, abends Konzertlocation mit 150 Plätzen, niedrigen Decken und shabby Möbeln, in der Musik aller Art weitab vom Mainstream auf die Bühne kommt. In den letzten Jahren ist das Cafe OTO einer der beliebtesten Orte für experimentelle Musik weltweit geworden, und Künstler wie The Sun Ra Arkestra und Anthony treten regelmäßig auf.

Happiness Forgets
8–9 Hoxton Square
happinessforgets.com
Lässige Cocktailbar, die sich aufs Wesentliche reduziert hat: gut gemischte Drinks zu anständigen Preisen, die Stimmung ist gechillt. Die Jungs,

Grüne Oase im East End: das Greenhouse Rooftop des originellen Pub-Hotels The Culpeper

Tipp: Unbedingt genug Zeit fürs East End einplanen! Hier findet man charismatische Pubs, coole Shops und Avantgarde-Galerien

Berühmt für seine Palmenprints: House of Hackney

die hinter der schwarzen Bar ihre Cocktails mixen, verstehen ihr Fach. Empfehlenswert: der Tokyo Collins. Viele Stammgäste – wer gerne sitzen möchte, sollte vorher einen Tisch reservieren.

Wolfie's
51 Greenwood Road
wolfies.london
Winzige, sehr persönliche Bar, in der sich vor allem die Nachbarschaft trifft. Starke Drinks, besonders lecker: Ancient Plums, erinnert an einen Margarita, mit Mezcal, Umeshu und Salzpflaumen. Donnerstag bis Samstag ab 18 Uhr geöffnet.

EINKAUFEN

Two Columbia Road
2 Columbia Road
twocolumbiaroad.co.uk
Mix aus Galerie und Shop, spezialisiert auf einzigartige Möbel, zum Beispiel von Finn Juhl und Arne Vodder, besondere Arbeiten von Künstlern und Designprodukte aus aller Welt: von High End bis Vintage. Besitzer Keith Roberts hat deswegen eine treue Stammkundschaft, weit über die Grenzen von London hinaus.

Goodhood
151 Curtain Road
goodhoodstore.com/womens
Die von ehemaligen Levi's-Designern gegründete Lifestyle-Boutique residiert auf 3000 Quadratmetern, im Keller befindet sich ein Café. Im Angebot: eine coole Auswahl an Womenswear, Menswear und Accessoires von Marken wie Yeezy, Ganni und MM6 Maison Margiela, Möbel von Hay und Beautyprodukten von Aesop.

House of Hackney
131 Shoreditch High Street
houseofhackney.com
Wer seinem Zuhause einen

neuen Look verpassen möchte, der ist hier richtig: ein genialer Mix aus eklektischen Wohnaccessoires, zum Beispiel Tischlampen mit Flamingo- oder Affenfuß, Tiger-Kissen, ausgefallenen Tapeten mit wilden Drucken, außergewöhnlichen Stoff-Prints, Mode und Möbeln.

Luna & Curious
24–26 Calvert Avenue
lunaandcurious.com
Drei Freundinnen betreiben diese hübsche Boutique, die für ihre besonders liebevoll kuratierte Auswahl bekannt ist: von schicken britischen Wolldecken und Union-Jack-Kissen über Schmuckunikate, Beautyprodukte und Home-Accessoires, die meisten in England hergestellt.

A Portugese Love Affair
142 Columbia Road
aportugueseloveaffair.co.uk
Hier finden Sie die besten Puddingtörtchen außerhalb von Lissabon (aus dem nahegelegenen Taberna do Mercado) und eine große Auswahl an portugiesischen Haushalts-, Schönheits- und Speiseartikeln, darunter Olivenöl, kunstvoll verpackte Fischkonserven, Seifen und Leckereien zum Verschenken.

KUNST UND KULTUR

Jealous Gallery
53 Curtain Road
jealousgallery.com
Beliebter Art-Hotspot im East End. Galerie, Verlag und Print-Studio in einem alten Backsteingebäude, der Schwerpunkt liegt auf Arbeiten von aufstrebenden britischen Künstlern und Absolventen der Kunsthochschulen.

Whitechapel Gallery
77–82 Whitechapel High Street
www.whitechapel.org
Die Whitechapel Gallery gehört neben der Tate Modern zu den renommiertesten Galerien für zeitgenössische Kunst in London. David Hockney stellte in den lichtdurchfluteten Räumen 1970 erstmals vor großem Publikum aus. Außerdem gilt die Galerie als

Kunst-Hotspot: Jealous Gallery

Sprungbrett für junge, unbekanntere Künstler.

Dennis Severs' House
18 Folgate Street
dennisseversho use.co.uk
Einer der ungewöhnlichsten Orte der Stadt, erschaffen vom Künstler Dennis Severs. Es wirkt, als wäre die Zeit angehalten worden in diesem kleinen Haus, in dem einst eine Hugenotten-Familie lebte: Kerzen flackern, Essen steht auf dem Tisch, auf dem Schreibtisch liegen ungeöffnete Briefe, auf dem Sims schläft eine Katze. Unbedingt die Silent-Night-Tour buchen!

Wilton's Music Hall
1 Graces Alley
wiltons.org.uk
Der Weg durch die Graces Alley zur Wilton's Music Hall ist ein bisschen, als ob man zurück in die Mitte des 19. Jahrhunderts reist, in die Zeit, in der John Wilton seinen

Musiksaal hinter der Mahagoni-Bar eröffnete. An der Fassade des viktorianischen Hauses blättert zwar die Farbe, doch wer Englands älteste Konzerthalle betritt, wird von einem prachtvollen Raum mit kirchenhohen Decken überrascht. Das Programm? Theater, Varieté und besondere Musik-Acts.

SCHLAFEN

40 Winks Hotel
109 Mile End Road
40winks.org
Magisches Minihotel mit nur zwei Gästezimmern: Das Stadthaus von 1717 gehört dem Innenarchitekten David Carter, jeder Raum ist eine Art Kunstwerk, vom Bad mit den goldenen Wänden und Löwenwasserspeiern bis zur Küche mit ihren Trompe-l'œil-Zeichnungen. Am liebsten nächtigen hier Fotografen und Models, auch Kristin Scott Thomas war schon Gast. Unbedingt rechtzeitig reservieren. Zimmer ab ca. 120 £.

Batty Langley's
12 Folgate Street
battylangleys.com
Herrlich exzentrisches Hotel im Herzen von Spitalfields – das dritte Londoner Haus von Douglas Blain und Peter McKay, die hinter den ebenso originellen Häusern Hazlitt's in Soho und The Rookery (S. 97) in Clerkenwell stecken. Es ist nach Bartholomäus »Batty« Langley benannt, einem Architekten und Autor des 18. Jahrhunderts. Alle 29 Zimmer sind mit Antiquitäten eingerichtet, viele mit Himmelbetten, goldenen Samtvorhängen und freistehenden Badewannen. DZ ab ca. 180 £.

The Culpeper
40 Commercial Street
theculpeper.com
Perfekte Kombination: charmanter Pub mit Holzböden und gemütlichen Bänken, nur einen kurzen Fußweg von der Brick Lane entfernt. Dazu fünf cool eingerichtete Hotelzimmer und seit Neuesten eine Farm auf dem Dach mit Rooftop-Bar und Greenhouse. Was oben angebaut wird, kommt im Erdgeschoss auf die Teller. DZ ab ca. 120 £.

Ganz besonderes Hideaway: Batty Langley's

EXTRATIPP

Broadway Market
broadwaymarket.co.uk
Dieser Straßenmarkt gehört zu Londons bestgehüteten Geheimnissen. Jeden Samstag drängen sich die Locals an den Markt- und Essensständen im Herzen von Hackney, außerdem haben sich hier fabelhafte Pubs, Cafés und Läden wie Donlon Books (75 Broadway Market) angesiedelt, der eine großartige Auswahl an schwer zu findenden Foto- und Kunstbänden und politischen Werken hat.

Privat-Wohnung und einzigartiges Mini-Hotel: das 40 Winks in einem 300 Jahre alten Stadthaus

Zimmer mit Ausblick: das Shangri-La Hotel at the Shard liegt zwischen dem 34. und 52. Stockwerk des Wolkenkratzers

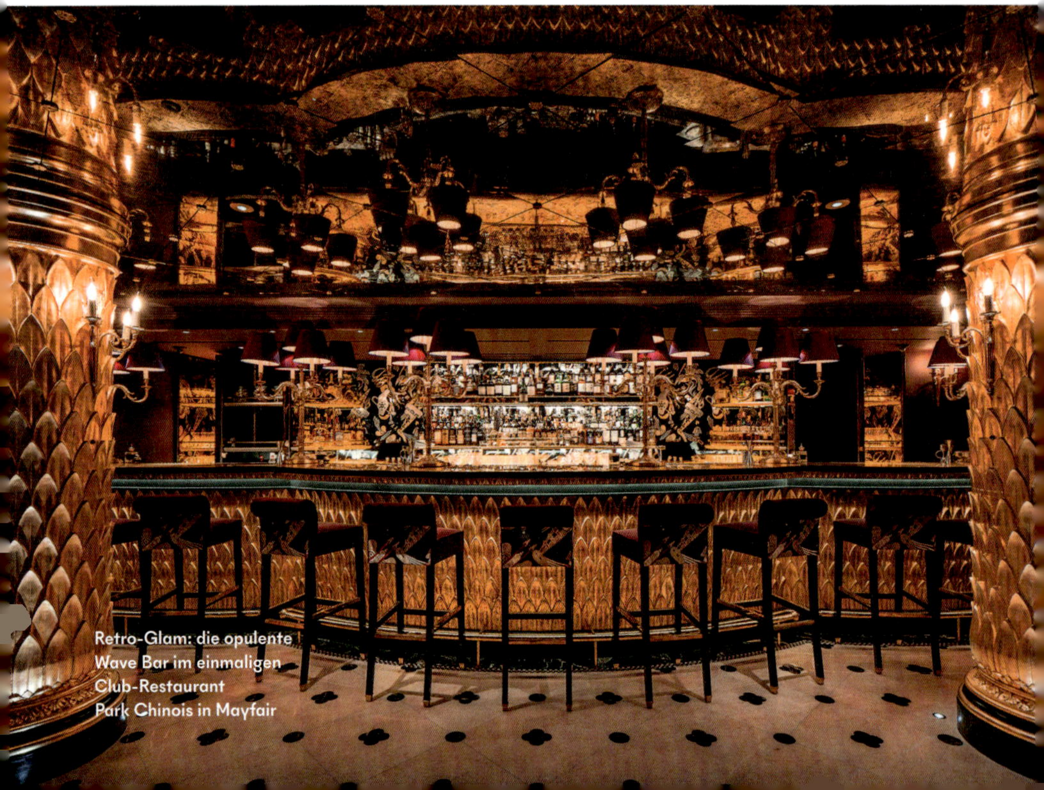

Retro-Glam: die opulente Wave Bar im einmaligen Club-Restaurant Park Chinois in Mayfair

S. 4: Chris Terry/Courtesy of Sabor
S. 7: Courtesy of Shangri-La Hotel, At The Shard London
S. 9: Linnéa Hurtig/Courtesy of 40 Winks
S. 10: Shutterstock/chrisdorney
S. 12: Courtesy of Fortnum & Mason
S. 13: The Brown's, a Rocco Forte Hotel
S. 14: Shutterstock/Alison Young
S. 15: Action Press/Everett Collection
S. 16: Courtesy of Jasper Conran
S. 18 Courtesy of Claridges
S. 19: Courtesy of Bocca di Lupo
S. 23: Im Uhrzeigersinn: Courtesy of Paul Smith, Issy Croker/Courtesy of Ottolenghi, Gareth Gardner/Courtesy of Designmuseum, Courtesy of Sally Clarke, Max Rush/Courtesy of The Royal Parks
S. 24: Courtesy of Farmacy Kitchen. Issy Croker/Courtesy of Ottolenghi
S. 25: Jodie Hinds/Courtesy of Zuaya
S. 26: Courtesy of Cowshed Spa, Clarendon Cross
S. 27: Stephanie Osmond/ Courtesy of Portobello Hotel
S. 28: Courtesy of Hazel Mathias.
S. 33: Im Uhrzeigersinn: Courtesy of Colbert, Courtesy of Harry's Dolce Vita, Shutterstock/pcruciatti, Shutterstock/Ron Ellis, Jean Cazals/Courtesy of Daphne's
S. 34: Jean Cazals/Courtesy of Daphne's
S. 35: Petrina Tinslay/Courtesy of Granger & Co.
S. 36: Steve White, 2016/Courtesy of the Saatchi Gallery, London
S. 37: Courtesy of Firmdale Hotels
S. 38: Getty images/ David M. Benett
S. 43: Im Uhrzeigersinn: Andrew Meredith/Courtesy of Selfridges, Courtesy of The Brown's, A Rocco Forte Hotel, Courtesy of Santa Cruz Co, Courtesy of Cubitt House, James McDonald Photography/Courtesy of Annabel's
S. 44: Courtesy of the Gallery at Sketch, Mayfair, London
S. 45: Courtesy of Anderson & Sheppard
S. 46/47: Courtesy of Fischer's
S. 48: Steve White, London 2017/ Courtesy Galerie Thaddaeus Ropac, London · Paris · Salzburg
S. 49: Andreas von Einsiedel/ Courtesy of Zetter Townhouse
S. 51: Courtesy of Rocco Forte Hotels
S. 53: Courtesy of The Brown's, A Rocco Forte Hotel
S. 57: Im Uhrzeigersinn: Courtesy of the Royal Parks, Courtesy of Floris, Courtesy of The Ritz, London, Ming Tang-Evans/ Courtesy of Kahani, Courtesy of Fortnum & Mason
S. 58: Courtesy of the Wolseley
S. 59: Courtesy of 50m
S. 60: Courtesy of Dover Street Market
S. 61: Courtesy of Artist Residence
S. 62: Courtesy of Jaguar Land Rover
S. 64: James McDonald Photography/Courtesy of Annabel's
S. 65: Courtesy of Jaguar Land Rover
S. 69: Im Uhrzeigersinn: Courtesy of Firmdale Hotels, Courtesy of The Parrot, Paul Craig/Courtesy of The Petersham, Keiko Oikawa/ Courtesy of Nopi,
Courtesy of The Shop at Bluebird
S. 70: Courtesy of 26 Grains
S. 71: Alex Maguire/Courtesy of Cora Pearl
S. 72/73: Paul Winch-Furness/ Courtesy of The Ivy Market Grill
S. 74: Adie Chinn/Courtesy of Henrietta Hotel
S. 75: Umit Yesildag/Courtesy of Alex Eagle Studio
S. 76: David Loftus/Courtesy of Ottolenghi
S. 78: David Loftus/Courtesy of Rovi
S. 79: Chris Terry/Courtesy of Sabor
S. 83: Im Uhrzeigersinn: Courtesy of Rosewood London, Courtesy of Maggie Owen, Courtesy of the Bloomsbury, David Loftus/ Courtesy of Rovi, Carol Sachs/ Courtesy of Neptune
S. 84: Courtesy of The Ninth
S. 85: Nikolas Koenig/Courtesy of The London Edition
S. 86: Gareth Gardner/Courtesy of Sir John Soane's Museum
S. 87: Courtesy of L'oscar
S. 88: Daniela Matejschek
S. 93: Im Uhrzeigersinn: Courtesy of Salut!, Andreas von Einsiedel/ Courtesy of Zetter Townhouse, Courtesy of The Rookery, Jessica Jill Partridge/Courtesy of Restaurant 1251
S. 94: Benjamin Sharman/Courtesy of Aprés Food Co.
S. 95: Stefan Johnson/Courtesy of St. John Smithfield
S. 96: Jerome Courtial/Courtesy of Bar Oriole
S. 97: Courtesy of The Rookery
S. 98/99: Adie Chinn/Courtesy of The Zetter Townhouse Clerkenwell
S. 100: Kasia Bobula/triplefiveseven/Courtesy of The Outnet.com
S. 103: Courtesy of Firmdale Hotels
S. 107: Im Uhrzeigersinn: Issy Croker/Courtesy of Duddell's, Simon Brown/Courtesy of The Ned, Shutterstock/Richie Chan, Helen Cathcart/Courtesy of El Pastor, Jason Bailey/Courtesy of Bar Douro
S. 108: Jade Nina Sarkhel/Where the Pancakes are
S. 109: Courtesy of Duddell's
S. 110: Simon Brown/Courtesy of The Ned
S. 111: Courtesy of Shangri-La Hotel, At The Shard London
S. 112: Jon Carlo Tapia
S. 117: Linnéa Hurtig/Courtesy of 40 Winks, Stefan Johnson/ Courtesy of St. John, Courtesy of The Kitchens at Old Spitalfields Market, Roelof Bakker/Courtesy of Dennis Servers' House, Courtesy of Batty Langley's
S. 118: Harriet Clare/Courtesy of the Marksman
S. 119: Jerome Courtial/Courtesy of Bar Nightjar
S. 120/121: Veerle Evens/Courtesy of The Culpeper
S. 122: Courtesy of House of Hackney
S. 123: Courtesy of Jealous Gallery & Print Studio
S. 124: Courtesy of Batty Langley's
S. 125: Linnéa Hurtig/Courtesy of 40 Winks
S. 126: Courtesy of Shangri-La Hotel, At The Shard London, Courtesy of Park Chinois
Umschlag hinten: Courtesy of Shangri-La Hotel, At the Shard London

CALLWEY
SEIT 1884

Verlag Georg D.W. Callwey
GmbH & Co. KG

Streitfeldstraße 35, 81673 München
buch@callwey.de
Tel.: +49 89 436 00 50
www.callwey.de

Wir sehen uns auf Instagram:
www.instagram.com/callwey

ISBN 978-3-7667-2393-2
1. Auflage 2019

DIE AUTORIN

Marianne von Waldenfels ist Journalistin und Autorin und lebt in München. Nach ihrem Volontariat an der Axel-Springer-Akademie und Stationen bei Gruner & Jahr und ProSieben war sie die letzten neun Jahre stellvertretende Chefredakteurin der Zeitschrift ***Instyle.*** Zusammen mit Jennifer Dixon hat sie 2018 im Callwey Verlag das Modebuch *Wir lieben Vintage* veröffentlicht.

HINTER DEN KULISSEN

Meine Tochter studiert in London. Nach einigen Diskussionen (… dafür bist du leider zu alt …) ließ sie sich dann doch erweichen, mir ein paar ihrer Lieblingsbars und Restaurants zu zeigen. Wie das Peyotito in Notting Hill, das The Phene in Chelsea, das Isabel in Mayfair oder die coole Dachterrasse des The Culpeper im East End. Mit ihr habe ich auch ein wirklich originelles Museum entdeckt: Dennis Severs‘ House in der Folgate Street. Ein »Still-Life-Drama« nannte der Künstler sein Lebenswerk, in dem man in vergangene Jahrhunderte reist.

Dieses Buch wurde in **CALLWEY-QUALITÄT** für Sie hergestellt:

Beim Inhaltspapier dieses Buchs haben wir uns für ein LuxoArt Samt in 150 g/m² entschieden – ein matt gestrichenes Volumen-Bilderdruckpapier. Die gestrichene, matte Oberfläche gibt unseren Bildern den gewünschten Charakter und bringt die bekannte Callwey-Bildsprache optimal zur Geltung. Die Softcover-Gestaltung spricht für sich, hier kommt das Buch fast ohne zusätzliche Veredelung aus.

Dieses Buch wurde in Deutschland gedruckt und gebunden bei der Druckerei optimal media GmbH in Röbel/Müritz.

Viel Freude mit diesem Buch wünschen Ihnen:

Projektleitung:
Raffaela Reif
Lektorat:
Asta Machat
Grafische Gestaltung:
Schmid/Widmaier,
Design und Kommunikation
Herstellung:
Franziska Gassner
Korrektorat:
Gabriele Hoffmann
Illustrationen:
Mateja Kovac

TELEPHONE
TELEPHONE
TELEPHONE
TELEPHONE